本书是广东省"智能教育重点实验室"（2020WSYS002）研究成果、教育部人工智能助推教师队伍建设试点项目研究成果。

人工智能
助推教师队伍建设

基于广东省的调查

黄慕雄　著

暨南大学出版社
JINAN UNIVERSITY PRESS

中国·广州

图书在版编目（CIP）数据

人工智能助推教师队伍建设：基于广东省的调查/黄慕雄著. —广州：暨南大学出版社，2022.6
ISBN 978 - 7 - 5668 - 3397 - 6

Ⅰ.①人…　Ⅱ.①黄…　Ⅲ.①人工智能—应用—师资队伍建设—研究—广东　Ⅳ.①G451.2 - 39

中国版本图书馆 CIP 数据核字（2022）第 066144 号

人工智能助推教师队伍建设：基于广东省的调查
RENGONG ZHINENG ZHUTUI JIAOSHI DUIWU JIANSHE：JIYU GUANGDONG SHENG DE DIAOCHA
著　者：黄慕雄

出 版 人：张晋升
责任编辑：黄文科　高　婷
责任校对：周海燕　张馨予
责任印制：周一丹　郑玉婷

出版发行：暨南大学出版社（511443）
电　　话：总编室（8620）37332601
　　　　　营销部（8620）37332680　37332681　37332682　37332683
传　　真：（8620）37332660（办公室）　37332684（营销部）
网　　址：http：//www. jnupress. com
排　　版：广州尚文数码科技有限公司
印　　刷：佛山市浩文彩色印刷有限公司
开　　本：787mm×1092mm　1/16
印　　张：13.75
字　　数：240 千
版　　次：2022 年 6 月第 1 版
印　　次：2022 年 6 月第 1 次
定　　价：59.80 元

（暨大版图书如有印装质量问题，请与出版社总编室联系调换）

随着新一轮的科技革命，人工智能正引发科学突破、催生颠覆性技术、加速培育经济发展新动能，人工智能融入教学也成为教育发展的新趋势。在教育领域，教师是教育的核心，是教学的重要组成部分，是学生主动学习的引导者，对教师的培养依然是促进教育发展的关键所在。因此，依托人工智能助推教师队伍建设，将成为人工智能融入教育的重要实践方向。

2021年，教育部发布《关于开展第二批人工智能助推教师队伍建设试点推荐遴选工作的通知》（教师厅函〔2021〕7号），提出通过整体规划、整合资源、加大投入的举措，充分利用人工智能、大数据、5G等新一代信息技术的优势，以新理念、新技术、新模式、新机制，聚焦教师队伍建设突出问题，探索人工智能助推教师管理与评价改革、教师教育改革、教育教学创新等。

广东第二师范学院以引领基础教育改革发展为己任，凸显教师教育特色，致力于培养造就教育情怀深、专业基础实、实践技能强、信息素养高、发展潜力足的教师教育人才。2021年10月，广东第二师范学院获批教育部第二批、广东省首批人工智能助推教师队伍建设试点高校，以"技术赋能、智慧协同、精准育人、卓越发展"为理念，依托"教师教育大数据智慧系统""智能教育产业学院""智能教育重点实验室"三大平台，实施"教师智能环境优化工程""教师智能素养提升工程""教师职前职后一体化智能化管理工程"三大工程，精准助推教师专业发展，积累了人工智能助推教师队伍建设的典型经验。在此背景下，为推动试点工作的开展、梳理相关理论基础、开展项目前期需求分析，笔者在综合梳理理论及现状研究的基础上撰写了本书。

本书共有八章：第一章为人工智能教育发展现状，主要梳理国内外人工智能教育及智能技术助推教师队伍建设的研究现状，并以此提出人工智能助推教师队伍建设的实践意义。第二章为人工智能助推教师队伍建设调查与 EPL 模型建构，主要在理论梳理和前期调研的基础上，开展面向广东全省的大规模调查，并提出人工智能助推教师队伍建设 EPL 模型，该模型为人工智能教育分析以及后续开展人工智能融入教师教育发展提供了理论框架。第三章为关键技术平台分析，作为具有丰富智能教育经验的试点单位，广东第二师范学院拥有"广东省中小学教师教育信息技术应用能力提升工程 2.0 平台"和"广东省教师教育大数据智慧平台"，根据过去几年开展的相关培训、实践教学经验，形成了广东省中小学教师教育数据，该章节对以上平台数据进行了深度分析和结果讨论。第四至第六章，分别对 EPL 模型中的"E"（智能教育环境）、"P"（智能教育教学应用）、"L"（智能教育素养）三类因素开展了面向广东省的调查和数据分析；第七章为人工智能助推教师队伍建设策略与趋势，主要在前三个章节的数据分析基础上，综合提出人工智能助推教师队伍建设的发展策略，并根据研究团队已有的研究成果，提出"类脑技术""教育元宇宙""心理生理监测""原子经济性""区块链"等智能教育发展的技术趋势；第八章为人工智能助推教师队伍建设案例，根据"模式创新""模型创新""课程创新""评价创新"的发展逻辑链条，提供了智能教育及教师队伍建设案例。

本书为人工智能助推教师队伍建设试点工作提供了丰富的理论支撑和前期成果，同时，在对有关现状、模型、调查、策略、案例进行梳理的过程中，能够为人工智能技术融入教育教学提供重要的理论借鉴和参考。

本书的编写得到了广东第二师范学院人工智能助推教师队伍建设试点项目研究组的大力帮助，其中付道明参与了统稿，华子荀、朱龙、崔萌、张舒雅、梁文妍、马子珺、王一敏、黄嘉歆参与了部分章节初稿的编写、资料收集整理等，在此表示感谢。书中肯定还存在一些不足之处，敬请读者批评指正。

作　者

2022 年 4 月

CONTENTS　目　录

第一章 | 人工智能教育发展现状 |

第一节 人工智能教育背景与国内外现状

一、人工智能全球概览

人工智能（Artificial Intelligence，AI）延伸了人类的体力和脑力。"阿尔法狗"（AlphaGo）先后战胜两位围棋世界冠军李世石、柯洁，掀起了全球性人工智能发展的新一轮热潮（吴永和等，2017）。对于人工智能的定义，说法不一，人工智能先驱马文·明斯基（Marvin Minsky）将人工智能定义为"让机器做本需要人的智能才能够做到的事情的一门科学"，而另一位代表人物，符号派的人工智能专家希尔伯特·西蒙（Herbert A. Simon）则认为："智能是对符号的操作，最原始的符号对应于物理客体。"近年来，由于人工智能技术的迅速发展及广泛应用，越来越多的国家将其作为提升综合国力的一种重要方式。

（一）人工智能溯源

自 1956 年达特茅斯会议诞生了"人工智能"一词以来，距今已有 60 余年。在这期间，虽然人工智能涉及不同学科、不同技术，发展起起伏伏，但人工智能整体上一直处于不断增长的趋势，并不存在高潮低谷之说。如 1957 年第一款神经网络 Perceptron 曾经推动了人工智能领域的发展（Rosenblatt F，1958），虽然后来被证明行不通，但随后兴起的专家系统继续发挥推动作用（John D，1990）。

从时间维度和技术维度两个方面看，人工智能具有不同的发展阶段：在时间维度上，分为萌芽阶段、诞生阶段、黄金阶段、第一次低谷、繁荣阶段、第二次低谷、现在发展阶段；在技术维度上，分为计算智能、感知智能、认知智能。

1. 人工智能时间维度发展历程

萌芽阶段（1206—1942 年）。该阶段出现人工智能的初始概念或形态，如1206 年，加扎利的可编程自动人偶；1863 年，Samuel Butler 发表《机器中的达尔文》；马略卡哲学家拉蒙·柳利开发"逻辑机"等。1924 年，美国教育心理学家普莱西试制第一台用于测试的机器，这是教育领域第一次提出人工智能。

诞生阶段（1943—1956 年）。该阶段以图灵测试为标志，奠定了人工智能的基本逻辑。1950 年，计算机学家图灵提出了图灵测试；1951 年，Marvin Minsky 和 Dean Edmonds 建造了第一台神经网络机 SNARC；1955 年，Newell 和 Simon 开发了"逻辑理论家"；1956 年，达特茅斯会议提出人工智能的概念等。教育领域的突出事件发生在1954 年，斯金纳发表《学习的科学和教学的艺术》，推动了程序教学运动的发展。

黄金阶段（1957—1973 年）。该阶段人工智能的概念得到了进一步的丰富。如1959 年，萨缪尔创造"机器学习"一词；1961 年，James Slagle 开发 SAINT；1964 年，丹尼尔·鲍勃罗开发 STUDENT；1966 年，第一个通用型移动机器人 Shakey 诞生；1968 年，Terry Winograd 开发 SHRDLU；1973 年，英国发布莱特希尔人工智能调查报告。在教育领域，1960 年，世界上第一个计算机辅助教学系统 PLATO 系统发布；1965 年，费根鲍姆等开始研究历史上第一个专家系统 DENDRAL 系统；1970 年，J. R. Carbonell 提出智能型计算机辅助教学（ICAI）的构想；1973 年，Hartley 和 Sleeman 提出智能教学系统（ITS）的基本框架。

第一次低谷（1973—1980 年）。该阶段人工智能进入低谷发展，但依然出现了具有深远影响的研究和实践成果。如1976 年，计算机科学家拉吉·瑞迪发表了 *Speech Recognition by Machine：A Review*；1978 年，卡内基梅隆大学开发 XCON；1979 年，斯坦福大学发明了自动驾驶汽车 Stanford Cart；1980 年，早稻田大学研究 Wabot－2 机器人。在教育领域，1975 年，Collins 等人研制了教授学生探索降雨原因的 WHY 系统；1977 年，Wescourt 等设计了辅助 Basic 语言教学的 BIP 系统；1977 年，MIT 开发用于逻辑学、概率、判断理论和几何学训练的 WUMPUS 游戏系统。

繁荣阶段（1981—1987 年）。该阶段基于前人的研究成果，提出了具有革命性的研究计划与成果。如 1981 年，日本开始"第五代计算机项目"研究；1982 年，John Hopfield 证明了一种新型神经网络；1986 年，第一辆无人驾驶奔驰汽车出现；1986 年，Rumelhart 等的著作《分布式并行处理》问世；1987 年，约翰·斯卡利提出了"Knowledge Navigator"。在教育领域，1982 年，Sleeman 和 Brown 提出智能导师系统 ITS 概念；1983 年，AISB 组织第一个明确的 AIED 研讨会；1984 年，梅瑞尔提出教学设计自动化（AID）的研究；1987 年，开发用于辅助教学设计决策的专家系统 ID Expert 系统。

第二次低谷（1988—1992 年）。该阶段人工智能进入历史上第二次低谷，呈现出研究思维的局限，直到 1993 年以后才有重大成果的出现。如 1988 年，Judeaa Pearl 发表 *Probabilistic Reasoning in Intelligent Systems*；1988 年，罗洛·卡彭特开发 Jabberwacky；1988 年，IBM 沃森研究中心发表 *A Statistical Approach to Language Translation*。在教育领域，如 1992 年，Brusiloovsky 提出智能授导系统（ITEM/IP）；1992 年，美国举办了第一届人工智能学会移动机器人比赛。

现在发展阶段（1993 年至今）。该阶段呈现蓬勃发展的态势。如 1997 年，IBM 研发"深蓝"象棋人工智能击败人类象棋世界冠军；2007 年，李飞飞开始建立 ImageNet；2016 年，谷歌"阿尔法狗"围棋人工智能击败围棋世界冠军；2016 年，美国发布《为人工智能的未来做好准备》《国家人工智能研发战略规划》等报告；2017 年，人工智能被写进中国政府工作报告。在教育领域，如 1996 年，Brusilovsky 等人开发了第一个自适应教学系统；2011 年，举办首届学习分析技术与知识国际会议；2013 年，麻省理工学院 Ehsan Hoque 等人研发社交技能训练系统 MACH。

2. 人工智能技术维度发展历程

在技术维度上，计算智能是人工智能的初步形态，也是其不断发展的基础；感知智能是当前国内外人工智能发展集中表现的维度；认知智能是人工智能的高级形态，是未来人工智能发展的突破口。计算智能的教育应用案例可以表现为存储与传递海量学习资源、智能学生信息管理系统的设计。感知智能的教育应用案例可以表现为语言教学、口语测评、图像搜题。认知智能的教育应用案例可以表现为个性化学习、自主学习。

（二）我国人工智能发展规划

人工智能等新兴技术的兴起冲击着教师原有的角色和地位，一些烦琐、重复性的教学事务被人工智能所替代，同时也促进了教师专业的发展变革，是对教学理念、教学方式、师生关系、教学内容、组织形式全方位的变革（柳立言等，2021）。因此人工智能技术是教师专业发展需要掌握的技术，也是教师专业发展变革的方法和路径。

新时代浪潮的变革发展，推动了国家政策的变化：2016 年 5 月，国家发改委联合科技部、工信部、中央网信办共同制定颁发了《"互联网＋"人工智能三年行动实施方案》，首次明确提出到 2018 年基本建立人工智能产业、服务和标准化体系，实现核心技术突破，培育若干全球领先的人工智能骨干企业，形成千亿级的人工智能市场应用规模。

2016 年 10 月，网易科技联合网易智能、乌镇智库发布《乌镇指数：全球人工智能发展报告（2016）》，指出人工智能应用于教育领域的主要形式有：智能评测、个性化辅导、儿童陪伴等，首次提出了人工智能在教育领域的应用场景。

2017 年，我国颁布了《新一代人工智能发展规划》，为加快人工智能的创新应用，指出了"智能教育"的概念，为"人工智能＋教育"指明了发展方向。该规划提倡人工智能相关课程进入课堂，实施全民智能教育项目，建设人工智能学科与高端人才队伍。当前，我国人工智能课程刚刚起步，在教学理念、课程资源、教学方法等方面都有待提升（杨志红，2018）。

2018 年初，《中共中央、国务院关于全面深化新时代教师队伍建设改革的意见》下发，这是中华人民共和国成立以来党中央出台的第一个专门面向教师队伍建设的里程碑式政策文件，一是明确提出，教师要主动适应信息化、人工智能等新技术变革，积极有效开展教育教学；二是适应推动智能教育的需要，而推动智能教育实施的关键要素是教师，必须尽早推动教师队伍建设；三是落实教育信息化 2.0 行动计划要求，行动计划特别将教师队伍建设作为工作重点，强调教师应适应人工智能等信息技术的挑战。

教育部办公厅于 2018 年 9 月发布了《关于开展人工智能助推教师队伍建设行动试点工作的通知》，探索人工智能助推教师管理优化、助推教师教育改革、助推教育教学创新、助推教育精准扶贫的新路径，通过试点工作，探索建设模式，为在全国层面推开人工智能助推教师队伍建设行动奠定基础。2019 年 2 月，教育部颁布了《中国教育现代化 2035》，规定了包含智能教育在内的教育现代化十大战略任务。2021 年 9 月印发了《关于实施第二批人工智能助推教师队伍建设行动试点工作的通知》，继续深入推进探索人工智能等新技术与教师队伍建设的融合模式。在上述政策的布局框架下，希望能充分发挥人工智能的优势，针对教师专业能力提升的关键点发力，加快实现教师队伍建设工作与人工智能融合。

图 1-1 中国人工智能发展规划情况

（三）各国人工智能发展概况

2018 年，斯坦福大学发布的《2018 AI 指数年度报告》（*2018 AI Index Annual Report*）指出，部分发达国家如美国在人工智能领域显示出先发优势。参考此报告，拟选取美国、英国、法国、日本、新加坡五个发达国家发布的国家级人工智能战略，对其中的人工智能教育应用政策进行介绍和分析。

1. 美国人工智能发展规划情况

2016 年 10 月，奥巴马政府出台《为人工智能的未来做好准备》（*Preparing for the Future of Artificial Intelligence*）和《国家人工智能研究和发展战略计划》（*The National Artificial Intelligence Research and Development Strategic Plan*），同年 12 月，又出台了《人工智能、自动化与经济》（*Artificial Intelligence, Automation, and the Economy*）——这三份报告标志着美国国家人工智能战略的正式开启。三份报告提出在美国研究型大学进行人工智能前沿理论的研究

和尖端技术的研发；明确了联邦政府在资助人工智能基础研究、促进人工智能在多领域综合运用、保证产业升级后合格劳动力数量和来源多样化、促进社会发展公平等方面所承担的重要参与者角色。

2019年2月，美国签署了《保持美国在人工智能领域的领导地位》（*Executive Order on Maintaining American Leadership in Artificial Intelligence*）行政令，提出要培养当代及后代的美国劳动力具备人工智能技术的开发和应用能力，为国家的经济和他们未来的就业做好准备。

2019年12月，美国又发布了《美国AI世纪：人工智能行动蓝图》（*American AI Century：Blueprint for Action*），充分肯定培养本土人工智能人才对于美国人工智能生态系统的重要作用，同时指出美国在人工智能领域的领导地位始于中小学阶段的STEM教育。

在这时期，中小学人工智能教育已成为美国政府重点关注的教育事项。人工智能不仅在STEM教育政策和计算机科学政策中大量出现，而且也逐渐形成整体包围核心、核心愈渐凸显的政策规划趋势。此外，美国政府对于中小学人工智能教育在资金、课程与资源、师资与设备等各方面的规划开始呈现出系统化和具体化特征。

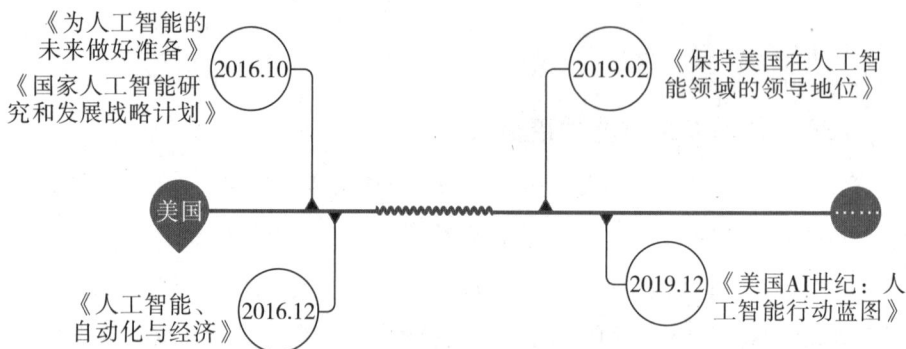

图1-2　美国人工智能发展规划情况

2. 英国人工智能发展规划情况

2016年11月，英国政府发布的《人工智能：未来决策制定的机遇与影响》（*Artificial Intelligence：Opportunities and Implications for the Future of Decision Making*）报告提出，要利用人工智能提升综合国力。

2017年10月，英国政府发布《在英国发展人工智能产业》（*Growing the*

Artificial Intelligence Industry in the UK），提出在人才培养方面，采取多种措施培养或引进更多人工智能领域的人才；在课程设置方面，承认在线人工智能课程学分，开发符合雇主需求的人工智能转修课程（Conversion Courses in AI）；在继续教育方面，促进人工智能领域工作人员的多样性，如吸引更多的女性和少数族裔加入。

2019 年，英国开放大学在《创新教学报告》中提出了"机器人陪伴学习"的概念，在 2020 年继续关注人工智能主题，将"人工智能教育应用"作为开篇，并对人工智能教育应用作了详尽的论述，认为其未来发展前景广阔（李青等，2020）。

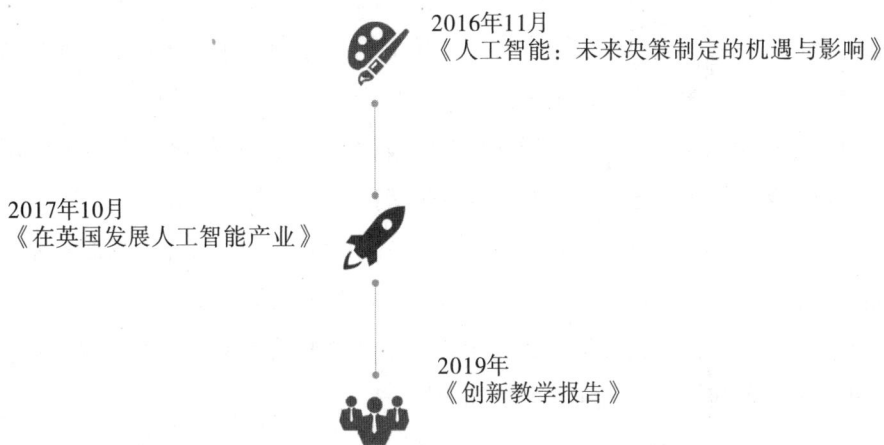

2016年11月
《人工智能：未来决策制定的机遇与影响》

2017年10月
《在英国发展人工智能产业》

2019年
《创新教学报告》

图 1-3　英国人工智能发展规划情况

3. 法国人工智能发展规划情况

2017 年 1 月，法国政府发布《法国人工智能综合报告》（*Rapport de Synthèse France Intelligence Artificielle*），标志着法国人工智能国家战略的开启。报告提出在学科建设方面，重视国家级人工智能培训课程的开发，强调跨学科平台建设，促进以公私合作为特色的教学方法创新；在人才培养方面，重点加强计算科学、认知科学、自然语言识别等学科人才的培养；在新型劳动力培训方面，伴随着经济转型产生的劳动力需求变化，政府出台相应政策，支持在线教育，为平台的学习行为分析、个性化课程开发、公民继续学习构建技能评级框架，鼓励终身学习并提供深造机会。

法国 2018 年 5 月出台了《法国人工智能战略》，从政策层面力促研究机构将人工智能研发成果商业化。

4. 日本人工智能发展规划情况

2016 年 6 月，日本政府发布《日本振兴战略 2016：面向第 4 次产业革命》，提出人工智能教育应用政策要包括基础教育阶段，将编程教育、科普教育等与人工智能相关的基础课程纳入中小学必修课范围，要求每个学生养成理解、运用信息技术和数据的素养；在高等教育阶段，进行大学和国立科研机构改革，扩大工业界和学术界的联合研究活动；同时，把人才培养和人才引进作为战略的重要部分。

2017 年 3 月，日本发布《人工智能技术战略（草案）（人工智能技术战略会议总结)》。此报告对日本的人工智能教育应用政策进行了更加详细的探讨：在工业化的第一阶段，人才应具备运用计算机通用知识和编程来解决问题的能力；在工业化的第二阶段和第三阶段，随着人工智能技术的广泛应用，人才应具备使用人工智能技术为企业界创造价值的能力。

2018 年 4 月，日本发布了第五版《下一代人工智能/机器人核心技术开发》，实施年限为 2015—2022 年。该计划属于过渡型研究计划，因为其主要研究的是能够填补空白的突破性技术，并实现这些技术的系统性集成，推动在相关领域的实际应用（冯云等，2019）。

2019 年 6 月，日本政府出台《人工智能战略 2019》，旨在从全球范围内吸引人才，增强本国人工智能产业竞争力。该战略提出到 2025 年要实现的具体目标：所有高中和大专院校毕业生都应具有"数理数据科学、人工智能"相关基础知识；培养将数据科学和人工智能应用于自身专业领域的人才等。为实现该目标，在全国范围内实施教育改革，重构研发体系，完善研发支持机制。

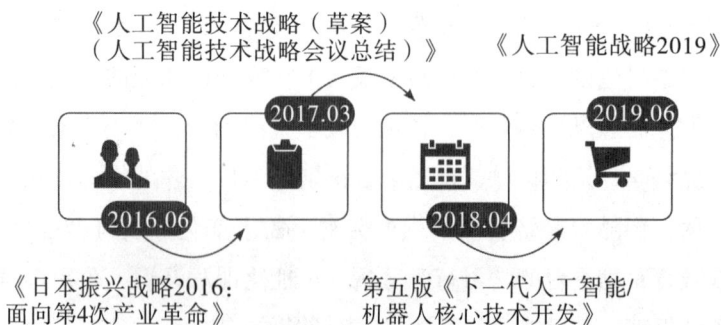

图 1-4　日本人工智能发展规划情况

5. 新加坡人工智能发展规划情况

2018 年 3 月，新加坡总理办公室发布"人工智能新加坡"项目。作为人工智能领域的国家级项目，它标志着新加坡政府国家人工智能战略的开启。该项目在人工智能教育应用领域的政策主要包括：在人才培养方面，设立国家研究基金会奖学金（NRF Fellowship）和支持人工智能领域科学活动的调查员计划，使新加坡本地人才通过参与培训获得人工智能时代所应具备的能力；在环境设置方面，通过创客空间鼓励社区的人工智能行动者和思想家（Community of Doers and Thinkers in AI）共享资源与设施，从而最大限度地实现社区的互动和协作。此外，新加坡还通过加强重要研究机构与人工智能创业公司的合作，创新人工智能技术，更新人工智能领域知识，从而为新加坡人工智能工作的开展提供支持。

2019 年 10 月，新加坡成立国家 AI 办公室（隶属于新加坡智能国家和数字政府办公室），同年 11 月 13 日，新加坡发布一项为期 11 年的国家人工智能战略。

6. 国际组织人工智能发展规划情况

2016 年 8 月，联合国教科文组织联合世界科学知识与技术伦理委员会发布了《机器人伦理初步报告草案》，讨论了人工智能的进步带来的社会与伦理道德问题。2018 年，欧盟发布了《欧盟人工智能》（*Artificial Intelligence for Europe*），并制订了"欧盟人工智能行动计划"。2019 年 5 月，联合国教科文组织在中国北京召开了主题为"规划人工智能时代的教育：引领与跨越"的人工智能与教育大会，会议发布的文件围绕政策制定、教育管理、教学与教师、学习与评价等 10 个议题，对人工智能时代的教育做出了全面的规划（张慧等，2019）。

二、国内外人工智能教育研究现状

（一）智能与智能教育

现代智能的研究始于 20 世纪初阿尔弗雷德·比奈（Alfred Binet）与泰奥多尔·西蒙（Theodore Simon）的智力测验。在当时，智能被认为是一种独立于学习的单一且通用的才能，这种才能被称为自然智能（Binet A et al.，1905）。智能被认为是一种解答智力测验题的能力（Gardner H，2008），对于测验结果，比奈采用智龄（Mental Age）来表征，后来刘易斯·推孟（Lewis Teman）在斯坦福—比奈智力量表中将智龄修订为智力商数（Intelligence Quotient），即 IQ。

然而，智能由哪些能力组成，研究者的回答并不统一。在诸多智能理论中，最著名的是罗布特·斯滕伯格（Robert Sternberg）提出的三元智能理论（Triarchic Theory of Human Intelligence）和霍华德·加德纳（Howard Gardner）提出的多元智能理论（Theory of Multiple Intelligence）。斯滕伯格（1999）从问题解决的认知过程角度，将智能分为分析性智能（Analytic Intelligence）、实用性智能（Practical Intelligence）、创造性智能（Creative Intelligence）；加德纳（2018）则从解决问题或创造产品所需要的能力出发，提出智能的十种类型划分：语言言语智能（Verbal-Intelligence）、数理逻辑智能（Logical-Mathematical Intelligence）、人际沟通智能（Interpersonal Intelligence）、自我内省智能（Intrapersonal Intelligence）、音乐韵律智能（Musical-Rhythmic and Harmonic Intelligence）、视觉空间智能（Visual-Spatial Intelligence）、自然观察智能（Naturalistic Intelligence）、肢体运动智能（Bodily-Kinesthetic Intelligence）、存在智能（Existential Intelligence）、教学教法智能（Teaching-Pedagogical Intelligence）。

当前，业界普遍认可的对智能的定义是由 52 位专家在 1994 年签署的共识性文件中的描述（Gottfredson L S，1997），即智能是一种普遍的心理能力，包含推理能力、规划能力、解决问题能力、抽象思考能力、理解复杂观点能力、快速学习能力、从经验中学习的能力等。也有专家根据综述认为智能包含两个方面，一个是从感觉到记忆到思维的"内智"成分，另一个是包含行为和语言的外在表达，即"外能"成分，并将"内智"与"外能"统称为认知智能（Cognitive Intelligence）（祝智庭等，2018）。更进一步，认知智能被认为是智能的一个方面。智慧型人才还被认为应该具备一种善于沟通、协作和领导的能力，以及善于创造、富于想象的能力，前一种被界定为情感智能（Emotional Intelligence），后一种被界定为志趣智能（Spiritual Intelligence）（或称为精神智能、灵性智能）。志趣智能中，"志"是精神核心，"趣"反映生命意义。

而对于智能教育的概念界定，学界并没有统一的说法。从技术的角度看，智能教育是教育手段的智能化，即运用先进的智能技术实现教育管理、教与学等的智能数字化（赵银生，2010）。从教育的角度看，智能教育被界定为个体智能发展与智能技术实践相整合的、跨学科开展的创新教育过程（张进宝等，2018）。从智能教育实践路径看，智能教育包含智能技术支持的教育、学习智能技术的教育和促进智能发展的教育三个层面（祝智庭等，2018）。而从教育形态的分析角度看，智能教育是指在人工智能技术与教育深度融合的基础上，以学习者为中心的智能化教育环境、智能技术支持的新型教育模式、精准化的教育管理和服务融合而成的一种新型教育形态（刘斌，2020）。

（二）对智能环境的国内外研究现状

根据我国学者观点，智能环境是以学习者为中心原点、以学习者的学习活动轨迹为空间轴，包含了采用智能技术实施教学的教师等组成的人的环境，由社会场馆和学校物理空间等组成的物理环境，以及人工智能和互联网空间等信息技术组成的信息环境（逯行等，2020）。祝智庭教授认为智能环境是以适当的信息技术、学习工具、学习资源和学习活动为支撑，科学分析和挖掘学习情境信息或者学习者在学习过程中生成的学习数据，以识别学习者的特性和学习情境，灵活生成最适配的学习任务和活动，引导和帮助学习者进行正确决策，有效促进学习者智慧能力的发展和智慧行动的出现（祝智庭，2014）。智能环境具备以下基本特征：①全面感知：具有感知学习情境、学习者所处方位及其社会关系的性能。②无缝连接：基于移动、物联、泛在、无缝接入等技术，提供随时、随地、按需获取学习的机会。③个性化服务：基于学习者的个体差异（如能力、风格、偏好、需求）提供个性化的学习诊断、学习建议和学习服务。④智能分析：记录学习过程，便于数据挖掘和深入分析，提供具有说服力的过程性评价和总结性评价。⑤提供丰富资源与工具：提供丰富的、优质的数字化学习资源供学习者选择；提供支持协作会话、远程会议、知识建构等多种学习工具，促进学习的社会协作、深度参与和知识建构。⑥自然交互：提供自然简单的交互界面、接口，减轻认知负荷。智能环境通过设计多种智慧型学习活动，能够有效降低学习者的认知负载，提高知识生成、智力发展与智慧应用的含量；增强学习者的学习自由度和协作学习水平，促进学习者个性发展和集体智慧发展；拓展学习者的体验深度和广度，提供最合适的学习支持，提升学习者的成功期望。

1. 智能环境及基础设施的建设要点

建设智能环境首先要对基础设施和基本要素进行确定，涉及设备终端的配置、软件平台的开发、教学空间的建设、网络的覆盖和网络安全系统的完善等五个方面。智能环境对学生的学习方式、教师的教学方式以及智能时代需具备的素养提出了更高的要求。以下从设备终端、软件平台、教学空间、网络覆盖、网络安全五个方面说明智能环境建设要点：

设备终端要按照"注重互动、按需搭配"的准则，根据学科的特点和学生的特征，通过各个设备间的组合和搭配，营造出多种形态交互的教学模式，形成常规和特色相协调的教学体系（程敏，2016）。智慧环境中的设备种类有 PC、手机、平板、电子白板、讲台显示器、音响、触摸屏、话筒、教师自动跟踪系统、学生自动跟踪系统、网络交换机等，满足日常师生教与学的需求，例如帮助师生访问教学资源，处理教学任务，实现师生交互等（于晓玲，2020）。

软件环境的构成离不开智能化管理系统、云桌面系统、录播管理系统、远程互动教学系统、教务支持系统、学习资源系统、数据存储系统和教学辅助 App。智能化管理系统会对各个教室中的多媒体设备、互联教学设备、环境控制设备进行管理，并实现对设备的状态监测、故障预警、故障诊断、资产使用等情况的智能分析，从而达到教学过程全方位的"实施感知、动态控制和智慧管理"。云桌面系统支持随时随地登录访问云桌面，实现远程可视化管理和协助，节约教室维护成本。录播管理系统可以实现课堂教学多画面录制功能，完成高清视音频的采集和录制。远程互动教学系统为开展远程网络教学、教研培训提供技术支撑。教务支持系统支持师生考勤、课表推送、教学评估、教务通知等服务。学习资源系统包括课件、案例、试卷等资源的储存与共享。数据存储系统对在环境中产生的所有数据进行存储。教学辅助 App 则是满足教师和学生在多系统、多终端随时随地使用的需求，实现教、学、管之间的交互服务。

设备终端和软件平台分别对应着硬件和软件，硬件是软件赖以工作的物质基础，软件的正常工作是硬件发挥作用的唯一途径。但是，只有设备终端和软件平台对于构建智能环境是不够的，还需要建设教学空间。教学空间应具有可重构性、智能性和延伸性，实现人与环境的和谐（崔亚强等，2020）。教学空间包括智能教室、智能图书馆、创客教室、人工智能实验室、智能学科教室和仿真实训室等，用以支持多种智能功能，如智能感知、智能管控、互动反馈、分析决策等。

为实现即时采集、分析数据，需要覆盖网络和保证网络安全，这就要求带宽能够满足智能环境建设与应用要求。需建有常态化的网络安全监测防御系统，后台智慧教育数据中心服务器需防止信息的非法访问、篡改。需要校园管理人员建立网络安全屏障，制定网络安全的具体措施和应急处置方案。

2. 智能数据采集与服务方面的建设要点

构建硬软件设备和实现网络覆盖之后，在应用时会产生大量的用户数据，通过收集分析数据并使用可视化的形式呈现可以更好地服务智能环境中的用户。首先数据采集需要依靠一系列设备，以采集教师、学生、管理者等不同角色人员来自不同时段如课前、课中和课后的数据，采集数据的方式依据设备的不同也有所不同。智慧课堂中多元化的教学活动、多维度的师生交互、多节点的智能检测以及跨平台、跨产品的人机交互，都会产生海量的教育数据。经过数据处理与分析，这些数据被转化为具有价值的教学知识，并被及时反馈到课堂教学中，帮助教师优化教学活动，促进教学数据的流动，实现智慧课堂的智能化及效益产出最大化（晋欣泉等，2019）。数据分析是为更好地优化学习以及学习情境，便于后续为师生提供精准决策、个性服务以及优化结果。呈现出来的数据，通常有系统记录的师生数据以及课堂行为数据，应用于教师的学情分析、教学设计、课堂互动动态调整、精准评价和智能推送方面。

3. 智能资源创建与服务方面的建设要点

为了建设智能环境，只有数据采集、呈现还是不够的，还需要创建智能资源并提供智能服务。智能资源创建需要考虑资源准入、资源类型和资源制作三个方面。智能资源服务包括资源管理、资源推荐和资源共享。在资源准入方面，需按照教育部《教育资源建设技术规范》，实现资源动态调配和按需使用。智能教育资源表现为数据来源的多样性、数据流接收的动态性、数据地域的时效性、数据安全的复杂性等，这些问题亟待进一步解决。因此学校需要对智能资源进行考核，确保资源来源的安全性。在资源类型方面，需要根据教师和学生的需求，提供智能技术支持的教与学资源，如数字化学科资源、虚拟仿真实验资源和智能化工具等（生成性资源）。在资源制作方面，能够通过多种方式便捷地获取和制作智能教育资源，对本校教学和学习活动中的生成性信息资源进行持续采集、加工整理，形成具有学校特色的校本资源库。建设资源库之后需要根据智能环境动态性和智能性的特点，对资源进行管理、推荐和分享。根据《中小学智慧校园建设标准及评价指标体系》，在管理资源时需要实现智能化上传、存储，并能进行实时可视化分析。推荐资源时，则是实现对教育资源的自主检索、准确定位和精准推送，满足师生的个性化需求。资源的共享是充分利用国家、省、市（县、区）各级教育资源平台上的课程资源，引进购买的企业、机构开发的优质教育资源，与各级资源云平台互联互通。

（三）对智能教学的国内外研究现状

人工智能在教学中的应用研究最早可以追溯到程序性教学机器。B. F. Skinner 于 1958 年开发了程序性教学机器，它用于存储和呈现教材，对学习者的回答进行反馈，从而强化学习者的学习动机（Holmes W et al. , 2019）。近年来，学者们也从不同角度研究了人工智能技术的教育应用，并开发了各类人工智能教学应用工具，如智能教学系统、自动化测评系统、智能代理、教学中的小游戏等。人工智能时代的教师专业发展大致可以从立德树人、重塑教师角色、变革教学方式、变革评价方式、注重自我成长、加强顶层设计、完善教师培养体系、改革教师培训等方面展开（宋灵青等，2018），从而发展教师的新理念和新素养，激发并促进教师的能动性及创新思维，增强教师专业发展的持续性和促进边界跨越（李树玲等，2020）。而学者们基于利用人工智能技术支持学习的目标，对于人工智能在教育中应用的相关研究主要集中在课堂教学实践、学习者的支持服务以及教师教研与培训这几个方面（Roll I et al. , 2016）。

智能教学有三个内涵，一是智能技术在教育教学中的深度应用（及人工智能支持的教育方面），利用智能技术改造目前的教育生态，实现智能教学；二是将人工智能技术作为教学内容（即学习人工智能技术的教育），提高对人工智能的整体认知和应用水平，继而帮助人们会用、善用智能设备；三是促进智能发展的教学，而教学所关注的智能主要包括认知智能、情感智能、志趣智能。

（四）对智能素养的国内外研究现状

对素养的研究一直是教育领域的重要议题。素养在英文中经常用"Competency"或"Literacy"表示，在英文文献中，两者所指的内容大致相同（高欣峰等，2021）。我国学者对素养的认识与国际上一致，认为素养超越了知识与技能，具有更丰富的内涵。如素养是情感、态度、知识、技能的综合表现（林崇德，2017）；素养是知识（Knowledge）、技能（Skills）、态度（Attitudes）的超越和统整，即素养＝（知识＋技能）×态度，亦即 C＝（K＋S）×A（褚宏启，2016）。无论是政府文件还是学术文献，素养都包含了知识、技能与态度的综合表现。

我国学者对国家文件中出现的素养进行检索，发现"信息素养"在国家文件中出现了 1 279 次，"数字素养"出现了 36 次，"网络素养"出现了 255次。信息素养被提到的次数最多，最早见于 2002 年 9 月四川省教育厅发布的《关于开展中小学教师信息技术培训、等级检测工作的通知》。2004 年，中央电化教育馆发布《关于举办第八届全国多媒体教育软件大奖赛的通知》，提出了信息素养，随后信息素养被提到的次数逐年增多，仅 2019 年就被提到了230 次。

对于信息素养，在 2018 年教育部发布的《中小学数字校园建设规范（试行）》中，被明确定义为"个体恰当利用信息技术来获得、管理、表达、整合和评价信息以及建构新知识、分析和解决问题、开展社会交往的态度和能力"。

2018 年，教育部发布的《关于开展人工智能助推教师队伍建设行动试点工作的通知》提出开展智能教育素养提升行动，指出"遴选一批信息化管理能力较强的优秀校长、信息技术应用能力较强的骨干教师，分别开展智能教育领导力研修和教学能力研修，为智能教育开展培养一批'种子'"。该通知将"智能教育领导力"和"智能教育教学能力"融入教师智能教育素养中。同时，也突出了智能教育素养的两个核心，即知识层面和能力层面，一方面，教师需要了解、掌握有关人工智能技术的知识；另一方面，教师需要具备运用人工智能技术改进教学、创新人才培养模式的能力。

在英国培生集团的《智力释放：教育中人工智能的争论》报告中就提到，需要利用教育人工智能技术提供的数据，帮助和引导学生学习，需要协同人工助教和人工智能助手开展团队合作，并不断提升团队的管理技能（Luchin R et al.，2016）。根据报告的内容，教师不仅要了解人工智能的技术，还要对人工智能技术的教育价值作出合理的判断，并具备恰当运用人工智能技术的能力和协同人工助教、人工智能助手的能力。

在另一项对人工智能时代教师具备的动态递进能力研究中，教师需要掌握基本的人工智能知识和原理、利用人工智能提升学科能力和教学能力、利用人工智能开展教学、将人工智能用于学习和将教学的经验传递给其他教师四种能力（黄荣怀，2019）。除了强调知识和能力外，还将教师利用人工智能实现专业发展视为智能教育素养的组成要素。

另外，也有学者提出素养是由知、能、情意（精神或伦理）三部分构成的整体概念。而作为素养的下位概念，智能教育素养除了知识和能力外，还包含情意因素（郑东辉，2009）。在联合国教科文组织发布的《北京共识——人工智能与教育》报告中也提到要"培养人工智能时代生活和工作所需的价值观和技能""确保教育收据和算法使用合乎伦理、透明且可审核"等（胡春光等，2013）。因此，在知识与能力的基础上，对人工智能教育的态度以及伦理也是智能教育素养的重要内容。

在对智能教育素养进行体系化梳理中，知识、能力、态度的分类法为大多数学者所接受。其中，知识是智能教育素养的基础，能力是关键，态度是灵魂。具体来说，知识包括理论性知识、实践性知识、技术性知识，能力包括智能教育教学能力、基于人工智能的自主发展能力，态度则包括理性态度、合乎伦理道德的实践。

在人工智能时代，除了教师以外，学校和学生在智能教学中也充当着十分重要的角色。如，吴忭等（2019）指出，我们需要明晰在人工智能时代的教育中学习服务的供给方（教师、环境、制度、内容等方面）的测量指标，而作为制度的制定者和学校的决策者，管理者的智能教育素养在人工智能教育应用中也举足轻重。同时，学习者的智能教育素养也在很大程度上影响学习活动的进行，也有不少学者对人工智能时代学生应具备的智能教育素养进行了探究。

1. 教师智能教育素养

在智能教育素养的研究中，不同的学者提出了不同的看法，但总体而言可归纳为知识、能力、态度和伦理三种。许亚峰等（2020）搭建了以教师知识为基础，以基本数智知识与技能、高阶数智思维能力、数智信念与伦理三个维度为核心的教师数智素养概念框架。有学者则明确提出教师智能教育素养由基本知识、核心能力和伦理态度三个维度组成，并详细阐述了三个维度的具体内涵。周邵锦等（2019）将智能教育素养定义为智能时代基本的综合素养，包括培养开放包容的智能态度、迅速掌握各种轻型智能工具和运用人工智能学科思维解决现实问题三个培养阶段。郭炯等（2020）则从技术、教育和社会三个维度出发，指出智能时代教师应具备技术认知素养、创新教学素养、人机协同素养、资源整合素养、数据应用素养、伦理安全素养等。

在知识层面，闫志明等（2019）结合 TPACK（Technological Pedagogical Content Knowledge）和人工智能技术，构建了 AI – TPACK 新理论框架，指出在人工智能时代，可以将 AI – TPACK 重新划分为使用人工智能技术表达学科概念的知识、以创造性的方式使用人工智能技术来教学的教法技巧、使用人工智能技术矫正学生在概念学习的过程中面临难题的知识以及怎样利用人工智能技术在现有基础上发展学生的新认识论或强化已有认识论方面的知识。学者们普遍认为教师应具备人工智能时代的基本知识、教学实践知识，以及教育教学领域的人工智能技术知识。其中，不少学者指出教师除了具备相应的智能教育知识外，还需充分认识到教师在人工智能时代的角色变化，能够了解教师在人机协同教学中所发挥的独特作用，充分了解和判断教师与机器在教学中的协同领域。祝智庭等（2018）提出精细角色是现阶段智慧教育的内涵和特点之一（学习设计师、学习指导师、教学评估师、教育活动师）。余胜泉等（2019）也提出了教师在"AI + 教师"协同教学中扮演的角色。杜占元曾表示，"人机结合可能将是我们迎接智能时代最普遍的形式"，祝智庭认为除了结合，更应强调人机协同，即机器主要负责重复性、单调性、例规性的工作，教师负责创造性、情感性、启发性的工作。

在能力层面，智能教与学的设计、开展和评价是学者们较为关注的方面。祝智庭等（2018）指出，智慧环境下的教师角色需更多地关注人机协同教学。另有学者指出，教师应具备智能教育教学能力，其中包括人工智能教育应用方案的设计能力、智能教育的实施与管理能力以及智能教育的诊断与评价能力。郭炯等（2020）在构建教师智能教育素养框架时也关注到了教师的智能教与学设计、开展、评价及管理。同时，除了智能教与学的设计、开展和评价方面，学者们也关注教师的专业发展，即关注教育教学研究及教师的终身学习。刘斌（2020）指出，教师除了具备智能教育教学能力外，还需要具备基于人工智能的自主发展能力。也有学者提到关注教师作为教学共同体中的一员的发展。

在意识态度和伦理规范方面，学者们的观点主要分为两点：意识态度和伦理规范，即正确看待人工智能技术和合理使用人工智能技术。教师应具备对待人工智能机器教育应用的理性看法和观念。在开展智能教育教学实践过程中，教师应了解并遵循伦理道德规范。

2. 学生智能素养

在智能时代的教与学中，学生作为学习的主体，也需要具备一定的智能素养。有学者提出，不仅教师要具备 TPACK 知识，而且学生也要对应用技术学习学科内容有一定的认知，也就是具备"整合技术的学科学习知识（TPACK）"（Chal S et al.，2013）。汪明（2018）基于核心素养的内涵结构，构建了学生的智能素养，将智能素养分为智能知识、智能能力、智能情意以及智能伦理四个维度。郑勤华等（2021）将智能素养分为智能知识、智能能力、智能思维、智能应用以及智能态度五个方面。侯贺中等（2020）构建了人工智能时代中小学生智能素养金字塔模型，认为学生应具备智能意识、智能态度、智能伦理、智能技能、智能思维以及智能创新等素养。

从学者们的观点看，人工智能时代的学习者应具备科学认识，合理定位人工智能、智能化、人工智能时代的特点等；能够正确认识人工智能的必要性与重要性，人工智能与个人、社会发展的关系；对人工智能有较强的敏感性，具备基本的智能技术知识。在掌握相关的智能技术知识的基础上，学习者还应积极投入到人工智能的学习与使用中（能够高效获取、利用、评价信息，能够筛选出适合自己的并能迅速上手的工具）；合理研发人工智能，能在人机协作中与人工智能协作共生。郑勤华等（2021）尤其强调利用人工智能技术进行学习的主观能动性。同时，学者们普遍认为，学生还应树立正确的态度和价值观，能够悦纳人工智能、遵守相关人工智能伦理道德，形成风险意识和安全意识，积极探索智能技术的应用并有人工智能技术运用的责任感。

3. 管理者智能教育素养

在人工智能时代，教育需要教师提升自身的智能教育素养，也需要管理者从更宏观的角度保障智能教育的开展。祝智庭指出，以系统观审视之后，我们需要重点关注：顶层设计、标准规范、保障体系（建立"政企学研用"的保障机制）、应用发展、能力建设以及环境建设等工作。这就需要提升管理者的智能教育素养，从而更好地开展智能教育。

廖辉等（2020）认为管理者应具备扎实的人工智能理论知识、超前的教育教学理念和现代化的管理思维，能够利用人工智能技术对学校教育教学和管理工作提供有效的指导。管理者应该具备比师生更先进、更超前的人工智能教育教学理念。能够对教育方针政策进行深入研究，与学校发展形势和学生的成长需求形成有效结合以对学校教育工作进行有效指导。能够利用智能化技术改造目前的教育生态，实现智能化教育，促进人工智能技术成为教学内容。能够充分结合智能思想与管理流程，完善管理制度，充分关注人工智能技术应用的顶层设计、标准规范（环境建设、能力建设、应用发展）及保障体系等方面。

同时，智能时代的教育要求管理者需要具备更全面的态度和伦理观，不仅要能够正确看待并悦纳人工智能，遵守相关人工智能伦理道德，更应该具备风险意识，需要考虑到系统变革对学生、人民群众及社会稳定产生的影响，做好风险识别、风险评估以及风险评判，同时提出风险防范、化解措施。

4. 人工智能教育下的伦理道德挑战

在自动化发展的历程中，机器一直是作为工具听命于人的，但是智能机器与普通工具不同，正在从被动者转变为能动者，它在感知能力、认知能力、学习能力、决策能力等方面越来越接近人类，甚至在某些方面超越了人类。可以预见，随着人工智能技术的进一步发展，智能机器参与社会生活的广度和深度越来越大，在不远的将来，各式各样的智能教育服务会成为司空见惯的事物。

人类行为不仅具有目的性，而且行为的实施过程要遵循社会价值规范，智能机器在完成人类任务时，是按照人类设定的规则来进行的。但是，人工智能具有深度学习能力，能够处理人类所无法处理的复杂任务，因此有可能打破预先设定的规则，具有"自主"思考的能力。虽然智能机器是人设计并编制的，但是它的决策和行为不是接受人类的直接指令，而是基于所获得的数据进行分析和判断，人工智能系统的决策过程类似于"黑箱"，最后的结果可能超出人类的预期和控制。

当决策者是人类时，人类要对机器的行为负责，有相应的法律和伦理要求来规范机器的使用。人工智能技术的发展，使人类的决策权力在一定范围内逐渐让渡给智能机器，这一转变对人工智能提出了伦理要求。为了维护人类的自由、权利与安全，要建立针对机器的新的伦理规范，对于智能机器是否能够成为道德主体，该承担多少责任，专家们有许多讨论。一种观点认为，智能机器尤其是机器人应该承担道德责任，因为机器人具有自主能力。机器人确实可以自主作出一些重要的决定，但它进行判断的依据是预先编制好的软件程序，机器人可以承担道德责任，但不能脱离人类而成为独立的责任主体。因此，与机器相关联的设计人员、制造人员、使用人员也需要承担连带责任。另一种观点认为，与传统上人类对机器行为具有控制能力不同，人工智能创造了一种新的情境，程序员、制造者和使用者原则上不能完全控制和决定机器的行为。智能机器的行为不只由初始状态和内在程序所决定，更多地取决于机器与运行环境之间的相互作用，这往往超出了人类的监控能力，因此人类无法为智能机器承担道德责任。

由此可见，对智能机器是否能够承担道德责任这个问题的回答面临着两难，要么人们不让智能机器自主决策和自主行动，要么不能用传统的责任分配理论来处理新的伦理困境。对于前者，自主能力是人工智能发展的重要指标，人们不仅不会停止其使用，而且会进一步朝着机器意识的目标前进。

第二节　人工智能助推教师队伍建设的意义

一、开展人工智能教育的重要意义

（一）人工智能成为国际竞争的新焦点

人工智能正引发新一轮的国际竞争，为抢抓人工智能发展的重大战略机遇，构筑我国人工智能发展的先发优势，加快建设创新型国家和世界科技强国，2016 年 5 月，国家发改委联合科技部、工信部、中央网信办共同制定颁发了《"互联网＋"人工智能三年行动实施方案》，首次明确提出到 2018 年基本建立人工智能产业、服务和标准化体系，实现核心技术突破，培育若干全球领先的人工智能骨干企业，形成千亿级的人工智能市场应用规模。

进入智能时代，为人类带来最大的变化是人工智能的变革。其一，人工智能通过个性化、大规模、自动化服务，解放了人类的双手，解决了人类生产、生活中所遇到的难题；其二，人工智能使得人类的智能达到更高的层次，通过深度学习、神经网络等算法，使人类在解决基本问题的基础上，能够有余力和空间攀登更高的智慧巅峰；其三，从过去的发展历程来看，人工智能并非一蹴而就，而且也不会止步于此，而是不断完善和发展，人工智能的智能性内涵正从计算智能向情感智能，甚至向类脑智能的方向发展，只有不断将智能化的技术、方法应用于不同的社会领域，才能为人工智能本身提供更多维度的场景方案，促进其智能性在更多维度萌生。

因此，人工智能不仅能解决人类问题，更在促进人类智能及技术自身智能方向上不断演进，它将成为未来国际竞争、人才培养、科技进步的重要变量，也成为国际竞争的新焦点。

（二）人工智能＋教育成为未来新趋势

随着信息技术的快速发展，人工智能正迅速渗透到社会的各行各业，教育也随着步入智能化时代（杨现民等，2018）。人工智能及其相关技术在教育领域的持续应用探索，促进了教育工作和教育系统的不断发展与变革，为未来教育开拓了全新的发展路径，智能教育成为人工智能国家战略的重要组成部分。在智能时代，开展全面的智能教育势在必行（张进宝等，2018）。

然而，人工智能新兴技术的兴起，正冲击着教师原有的角色和地位，一些烦琐、重复性的教学事务被人工智能所替代，同时也是促进教师发展变革的机遇，是对教学理念、教学方式、师生关系、教学内容、组织形式全方位的变革（柳立言等，2021）。因此人工智能技术是教师专业发展需要掌握的技术，也是教师专业发展变革的方法和路径。当前，我国人工智能课程刚刚起步，在教学理念、课程资源、教学方法等方面都有待提升（杨志红，2018）。

2018 年，国务院发布《关于全面深化新时代教师队伍建设改革的意见》，这是中华人民共和国成立以来党中央出台的第一部专门面向教师队伍建设的里程碑式政策文件，其明确提出，一是教师要主动适应信息化、人工智能等新技术变革，积极有效开展教育教学；二是教师是推动智能教育实施的关键要素，为顺应国家对人工智能布局的发展规划，必须尽早推动教师队伍建设；三是实施教育信息化 2.0 行动计划，行动计划特别将教师队伍建设作为工作重点，强调教师适应人工智能等信息技术的挑战。人工智能的优势凸显，而借助人工智能优势助推教师队伍建设成为未来教育发展的新趋势。

（三）智能教育素养是对教师的新要求

通过构建人工智能产教融合，实施深化教育改革举措，能够进一步促进教师适应智能教育时代下的教育教学方法。这种将智能技术融入教学的能力不仅是对知识的应用，而且是一种理念的更新，是一种素养的体现。

教育领域历来重视对教师素养的培养，将"素养"作为关键词对国家文件进行检索，发现信息素养在国家文件中出现了 1 279 次，数字素养出现了 36 次，网络素养出现了 255 次。2004 年，中央电化教育馆发布的《关于举办第八届全国多媒体教育软件大奖赛的通知》提出了信息素养，随后信息素养被提到的次数逐年增多，仅 2019 年就被提到了 230 次。在 2018 年教育部办公厅发布的《关于开展人工智能助推教师队伍建设行动试点工作的通知》中，智能教育素养首次被提出。可见，素养是教师专业能力中的重要组成部分。

在人工智能时代，教师不仅需要了解人工智能、应用人工智能，更应具备智能教育素养。在对智能教育素养进行体系化梳理中，知识、能力、态度的分类法为大多数学者所接受。其中，知识是基础，能力是关键，态度是灵魂。知识包括理论性知识、实践性知识、技术性知识，能力包括智能教育教学能力、基于人工智能的自主发展能力，态度则包括理性态度、合乎伦理道德的实践。

因此，智能教育素养是新时代教师必备的专业能力，在智能技术支撑的教育应用中，提升教师智能教育素养是发展智能教育的关键。智能教育素养是对教师的更高要求，也是教师适应智能教育时代的必然要求。发展智能教育的关键在于促进教师发展，而促进教师妥善地应用智能技术提升教学质量，其关键就是提升教师的智能教育素养。

二、人工智能助推教师队伍建设要点

（一）助推教师素养发展

随着人工智能时代的到来，学者们普遍认为教师的专业发展将会走向人机协同，人工智能教师是否会代替人类教师进行知识性教学也成为关注的焦点（余胜泉，2018）。因此，教师角色如何进行转变以及重新定位，教师如何主动适应人工智能技术是未来人工智能助推教师队伍建设的一大挑战。因此，人工智能在课堂教学实践和学习者的支持服务这两个方面的应用研究中，重点可能是人工智能技术代替教师来引导并支持学习者的学习以及通过人工智能技术赋能教师，从而丰富课堂教学。比如，郭炯等（2020）在分析了人工智能代替教师以及赋能教师两方面的应用后，指出人工智能教学应用研究还存在着狭窄化、碎片化、微观化等问题，认为后期还需从宏观、中观层面开展人工智能与教学的关系研究、人工智能教学应用关键技术研究、人工智能赋能教师的理论基础研究、人工智能与教学融合形态研究、人机协同背景下的教师人工智能教学应用素养研究等。

（二）助推教师教研和培训

有了人工智能对课堂教学实践和学习者支持服务的帮助后，教师教研和教师培训也有了新的发展方向。基于人工智能教育大数据的课堂教学行为分析越来越多地被应用在校本教研中。人工智能技术能够记录和分析发生在课堂活动中的教师和学生的行为，并能够对课堂外学生的学习时间、行为路径等进行记录和分析，还能够通过记录分析进行学生学习行为偏好的推测。通过人工智能技术对学生课堂内外学习行为及学习偏好的研究，我们能够找出其中的变化规律，从而为教师的个性化发展提供数据支撑（李淼浩等，2019）。

在教师培训方面，人工智能技术也起到了重要的助推作用，人工智能技术对教师培训产生了怎样的影响，如何通过人工智能技术促进教师培训的发展成为未来应该关注的重点。随着技术的不断更新，对教师的知识能力的要求也发生了改变，比如，很多学者根据技术的更新换代对 TPACK 进行了各种不同的迭代。但也有学者认为，在教师专业发展中，知识能力的转变本身不是重点，重点在于如何为教师提供足够的培训和支持。玛格丽特·尼斯教授就在一次采访中提到，未来人工智能助推教师队伍建设的研究应重点考虑如何为教师提供必要的支撑，促进其发展，而非纠结于知识能力本体（徐鹏，2019）。另外，以往的教师培训往往只针对 K12 阶段（学前教育至高中教育）的教师，而在人工智能时代，高等教育的教师培训等也受到关注，高等教育教师以及行政人员、教辅人员是培养未来教师的，他们对未来教师的知识结构产生着重要的影响，而高等教育和基础教育又有着明显的不同之处，因此，关注高等教育教师在人工智能时代的发展也十分重要。

人工智能时代能够为教师培训带来什么？对此，不少学者认为人工智能技术能为教师培训提供更好的环境、资源以及评价等。比如，曾海等（2019）提出了"智慧师训"，智慧师训即运用大数据、云计算、人工智能和"互联网＋"等新兴技术打造多元融合的智能学习环境，构建多维开放的资源供给体系，提供全方位的智能管理服务，建立大数据理念的智慧测评体系，最终形成一个具备自组织、自适应、自探索和自激励特征的教师培训生态体系。通过这样的一个体系培养教师在人工智能时代的核心素养，从而引导教师共同体向协同化、个性化、实践性发展。

（三）助推教师队伍建设

人工智能除了对教师教学、教研以及培训方面有影响外，在其他方面也有着重要影响。比如，人工智能在教育教学中应用的教学效果如何检测、人工智能在多元教育场景中的作用如何等问题也将成为未来人工智能助推教师队伍建设的关键。同时，人工智能在城乡教育差异中是否能发挥作用，它对乡村教师的教学和发展起着怎样的作用也将成为关注的热点。在人工智能的助推下，变乡村教师个体主观的能力需求诊断为真实情境下的精准诊断、变专业发展中的累积式提升为专项重点突破、变个体发展为共同体角色分配后的协同发展、变基于学分的评价为基于能力的评价等将成为可能。

第二章 人工智能助推教师队伍建设调查与 EPL 模型建构

第一节 调查体系的编制

一、调查体系编制思路

根据教育部《关于开展第二批人工智能助推教师队伍建设试点推荐遴选工作的通知》，聚焦教师队伍建设突出问题，探索人工智能助推教师管理与评价改革、教师教育改革、教育教学创新、乡村学校与薄弱学校教师发展、提升教师队伍整体素质与教师队伍治理能力等关键问题，进行面向广东省中小学教师的调查工作。

对"人工智能＋教育"发展背景与现状的综述以及人工智能助推教师队伍建设关键问题的梳理，提出了人工智能教育体制、人工智能教育的技术与环境、人工智能下教师与学生发展、人工智能课程与教学四个关键点。可以发现，当前以人工智能技术推动教育教学发展，尤其是推动教师队伍建设和教师专业化发展，其关键有三方面问题，即技术、教学、素养，体现为教师如何应用人工智能技术、教师如何应用人工智能技术开展教学以及教师如何提高人工智能教育素养。

因此，为解决以上问题和关键要素，根据已有文献及理论探究，本书提出了人工智能助推教师队伍建设模型，即教师智能评价"场域—教学法—素养"模型（Environment – Pedagogy – Literacy，EPL），按模型结构，评价可分为三个部分：智能教育环境（Environment）、智能教育教学应用（Pedagogy）、智能教育素养（Literacy），如图 2 – 1 所示。

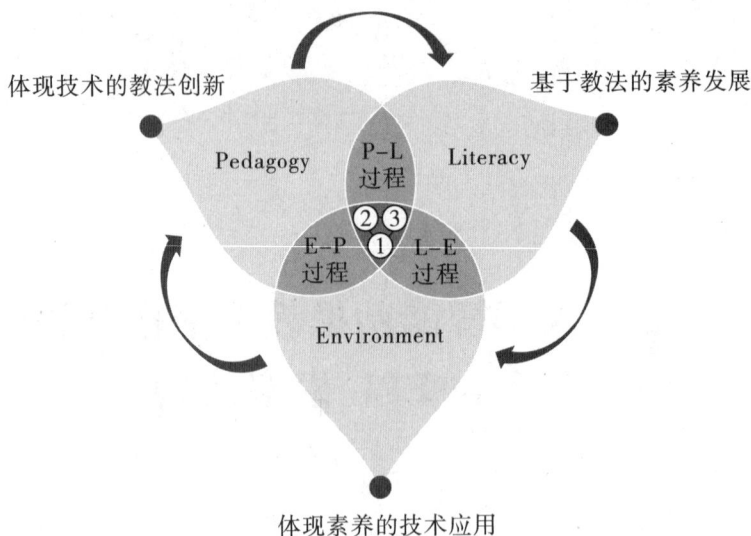

图 2 - 1　EPL 模型一级指标及其关系

　　按照"人工智能 + 教育"的理念，应当正确理解人工智能技术与教师的关系，将智能技术融入教师教学。此过程可分为三个阶段，如图 2 - 2 所示。

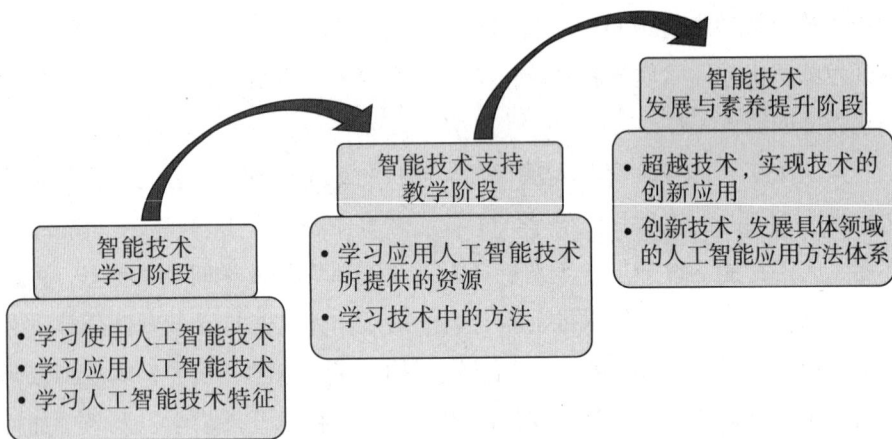

图 2 - 2　EPL 模型一级指标进阶发展逻辑

1. 智能技术学习阶段（E - P）

　　作为新手教师，创新应用人工智能技术应首先学习人工智能的概念与技术内涵、人工智能技术的基本思路和解决问题的方法，达到技术的识记、理解与应用。该阶段包含三个维度的层次，学习使用人工智能技术，学习应用人工智能技术，学习人工智能技术特征并将智能技术融入教育教学过程。

2. 智能技术支持教学阶段 （P-L）

当教师掌握人工智能的技术与方法后，即可开展真正的人工智能融入式应用。人工智能技术支持下的教学和学习过程能够应用教师的知识基础与学习方法，用以解决复杂的现实教学问题，是创新应用人工智能技术的阶段，其包含两个维度：学习应用人工智能技术所提供的资源和学习技术中的方法。

3. 智能技术发展与素养提升阶段 （L-E）

当教师掌握了知识技术与应用方法，并将人工智能应用到教学过程后，教师已经具备了较好的人工智能教育素养，但是依然需要超越技术，开展创新应用。首先应超越技术，实现技术的创新应用；其次，创新技术，发展具体领域的人工智能应用方法体系。

以上是 EPL 模型的基本思路，也是本书的撰写思路。根据技术、教学与素养的递进逻辑，本书将对三类材料开展调查，即关键技术平台分析、调查问卷的分析与数据挖掘和典型案例的分析与比较分析，通过对三类材料的分析发现 EPL 模型的要素内涵。通过关键技术平台分析发现 EPL 模型中的智能教育环境要素内涵，通过问卷调查发现 EPL 模型中的智能教育教学要素内涵，通过案例分析发现 EPL 模型中的智能教育素养要素内涵，如图 2-3 所示。

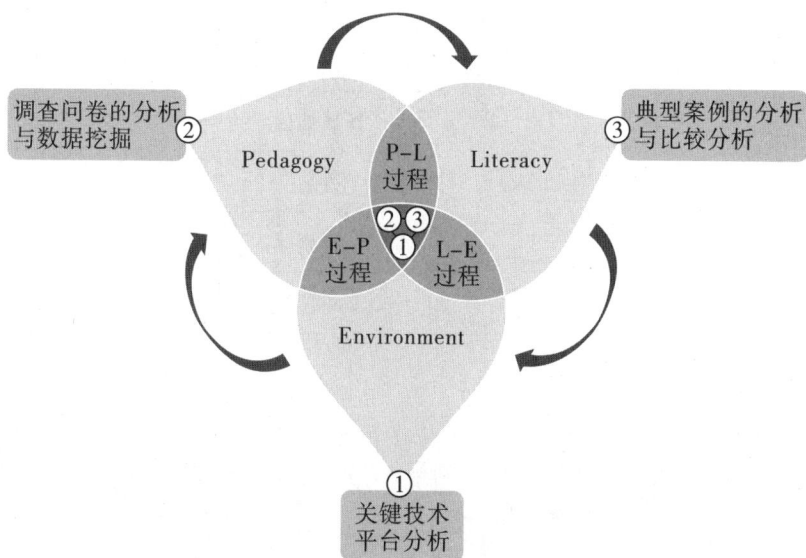

图 2-3　分析材料与调查逻辑

二、模型内涵的调查方法

（一）关键技术平台分析

针对广东第二师范学院现有平台开展大数据采集与教师培训过程性分析，主要平台为：广东省中小学教师教育信息技术应用能力提升工程 2.0 平台（https://jstsgc.gdedu.gov.cn/info2/gateway/route/goIndex.action）、广东省教师教育大数据智慧平台（http://210.38.65.111:8282/#/login）。

1. 分析维度

应用关键技术平台和数据爬虫对平台数据进行收集与标签化，针对平台的内容，将数据标签分类。

表 2 - 1　数据标签与数据采集方式

数据标签	数据类别	数据来源	数据采集方式
教师特征标签	用户特征	用户名	平台数据库采集
		登录名	
		邮箱	
		状态	
		手机号码	
	教师特征	角色	
		所属地区	
		姓名	
		性别	
		单位	

（续上表）

数据标签	数据类别	数据来源	数据采集方式
教师研修标签	期次信息管理	开设年度	平台数据库采集
		期次名称	
	培训期次信息	期次名称	
		所属地区	
		培训年度	
		计划人数	
		面向学段	
	学员报名信息	期次名称	
		所属地区	
		报名时间	
		成功报名人数	
	学员选课信息	期次名称	
		所属区域	
		报名人数	
		已选课人数	
	网络研修过程	选课率	
		参训率	
		完成率	
	网络研修成绩	参训人数	
		录入成绩人数	
		录入合格人数	

（续上表）

数据标签	数据类别	数据来源	数据采集方式
教师交互标签	社会交互行为	培训期次管理	平台数据库采集
		参训报名管理	
		学员选课管理	
		学习过程管理	
		培训成绩管理	
	教学过程行为	教学计划	1. 平台数据库采集 2. 过程性数据收集 3. 问卷调查
		教学管理	
		教学过程	
		教学评价	
		教学反思	
	教学成果信息	发布资源	1. 平台数据库采集 2. 过程性数据收集 3. 问卷调查
		发布信息	
		优秀课例	
		科研成果	

2. 平台大数据的序列挖掘

对平台现有大数据进行序列挖掘分析，应用挖掘转移矩阵中的滞后序列分析按时间发生的先后顺序对使用者的行为进行分析。应用 GSEQ 分析逻辑，对平台使用者动作进行集合分类，目前大致分为 6 类，即动作集合 [A，B，C，D，E，F]：A：个人账户管理；B：培训期次管理；C：参训报名管理；D：学员选课管理；E：学习过程管理；F：培训成绩管理。

利用概率统计 $Z-score$ 二项式检验的显著性来描述数据，其中，$Z-score >$ 1.96 表示显著。如表 2-2 所列示例。

表 2-2　序列挖掘数据分析示例

$Z-score$	A	B	C
A	-1.90	5.22*	6.71*
B	-1.10	-1.27	7.22*
C	7.44*	-2.25	6.72*

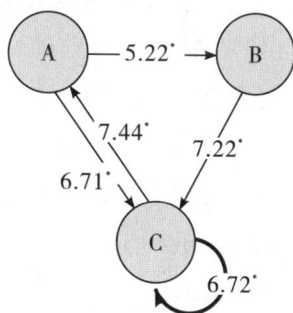

图 2-4　序列挖掘行为分析

最后，利用软件计算其显著性数据，获得对动作 A、B、C 的行为分析，进而提出不同用户具有趋向一致性的行为序列。

（二）调查问卷的分析与数据挖掘

1. 调查问卷的基本分析

调查问卷首先根据文献调查和基本的逻辑分析制定，之后开展多轮的试测和修正，最后形成具有内在逻辑的问卷。问卷的结构也是根据 EPL 模型结构进行设计。

问卷研制成功后发放，以随机抽样的方法进行样本的选择，基本涵盖了广东省各地市中小学教师，学科包括语文、数学、英语、信息技术、美术、体育等，以保证一定的调查覆盖面。

收集到数据以后，即对数据进行分析，采用三种分析方法：

（1）基本分析。对数据进行基本分析，包括数据的信度、平均数、标准差、方差、相关性等，以基本了解数据的大致情况。

（2）探索性因子分析（EFA）。在得到满足要求的基本信度系数和相关度后，即可对数据进行模型建构的探索性因子分析。首先提出了 EPL 模型的大致框架，之后根据数据的分析对各指标的因子进行 KMO 测度检验和 Bartlett 球形检验，以验证变量存在有意义的相关关系。之后对数据进行因子负荷量分析，以一定标准（0.6）进行负荷量的测度，建构 EPL 模型的关键要素。

（3）结构方程模型分析（SEM）。得到 EPL 模型的结构与基本要素后，即可对要素关系进行深度验证。利用结构方程模型法进行测度，首先基于前期的调查问卷数据进行模型适配，以验证模型的结构效度，之后在 Amos 软件中进行 SEM 测度，得到适配指标的数值，如 *NFI*、*RFI*、*IFI*、*TLI*、*CFI*、*GFI*、*AGFI*、*RMSEA* 等数值，当数值大于 0.9 则视为模型的要素适配。

确定了模型的适配因素后即对要素及其关系进行路径系数分析与假设检验。根据要素与要素之间的路径系数确定其要素的关系，通过 p 值进行假设检验，形成最终的模型要素关系及其路径关系。

2. 调查数据信息熵的分析

信息熵可以作为系统无序程序的度量。对于现有平台和调查问卷数据，不确定性越大，则熵越大，确定该事件所需的信息量也越大，即越无序；不确定性越小，则熵越小，确定该事件所需的信息量也越小，即越有序。采取算法如下：

（1）信息熵值。对于一个系统，不论是社会系统、信息系统还是网络系统，它都存在各种状态，而每种状态出现的概率为 $P_i(i=1, 2, \cdots, n)$，根据 P_i 确定该系统的熵值 e。

$$e = \sum_{i=1}^{m} P_i \times \ln P_i$$

（2）数据集的无量纲化。数据集的无量纲化是对缺失数据集的解决方法。对于一个系统来说，其正常状态下的数据集依然存在数据缺失的现象，例如缺少某个学生的成绩或缺少某间学校的科目成绩统计等，针对这种情况需要对原始数据进行无量纲化的变换，对于 m 年中具有 n 个评价指标的原始矩阵 $R = (R_{ij})_{m \times n}$ 通过无量纲化中的功效系数法（周春山等，2017）变换为新矩阵 Y_{ij}。

$$Y_{ij} = \frac{R_{ij} - \min_j R_{ij}}{\max_j R_{ij} - \min_j R_{ij}}$$

（3）信息熵的权重模型。熵值即测定出的系统的不确定因素系数，熵值越大，不确定性越大，则权重越小，反之亦然，故利用熵值来确定数据集各项目权重的大小。按公式计算熵值为：

$$e_j = -k \times \sum_{i=1}^{m} P_{ij} \times \ln p_{ij}$$

其中，常数 $k = 1/\ln m$，保证 $0 \leqslant e_j \leqslant 1$。为保证熵值的统一度量，以 d_j 作为各数据集的一致性度量标准，$d_j = 1 - e_j$，则各项目的权重系数 w_j 为：

$$w_j = \frac{d_j}{\sum_{j=1}^{m} d_j}$$

（三）典型案例的分析与比较分析

本书采用三种方法进行典型案例分析与比较，包括文献研究法、个案研究法和比较研究法。

1. 文献研究法

文献研究法是指对文献资料的检索、搜集、鉴别、整理、分析，形成科学认识的方法（杜晓利，2013）。本书利用文献研究法收集近年来关于人工智能＋教育主题的国内外期刊、专著等资源，主要关注 EPL 模型下的三大主题相关文献。

2. 个案研究法

个案研究法又称个案法、案例研究法，是经由对个案的深入分析以解决有关问题的一种研究方法（刘毅，2002）。一般个案研究法的实施步骤包括：收集资料、分析资料、指导个案和追踪评价。

第二节　基本情况分析

根据前期的文献调研与问卷体系设计，将"人工智能助推教师队伍建设调查问卷"分为五大部分，即基本信息、人工智能建设与应用情况、智能教育环境、智能教育教学应用、智能教育素养（详见附录）。

一、问卷结构设计

（一）第一部分：基本信息

第一部分调查被调查者的基本情况，包括被调查者的性别、年龄、教龄、最高学历、所属地区、教学学段、主要任教学科、角色等。其中，所属地区划分为广东省内、香港、澳门及省外，主要任教学科包括小学至高中的所有学科。角色的划分主要目的在于根据不同角色进行调查情况的区别分析。

（二）第二部分：人工智能建设与应用情况

第二部分调查被调查者所在学校的人工智能基础设施及应用的基本情况，包括建设理念类、建设情况类、具体项目类。

建设理念类为被调查者对人工智能教育建设的基本态度，包括智能教育的重要程度、智能教育的支持程度、对智能教育的感兴趣程度。

建设情况类为被调查者所在学校当前的建设情况，包括人工智能教育规划、人工智能教育领导小组、人工智能教育教研组、人工智能特色场室、人工智能相关课程、人工智能教学课时、人工智能课程开设情况、人工智能课程来源。

具体项目类为具体调查人工智能教育建设与应用情况，包括人工智能教学方式、人工智能课程内容、人工智能教育目的。

（三）第三部分：智能教育环境

第三部分的调查问题会与第二部分有所交叉，但该部分是基于 EPL 模型进行设计的，目的在于进行模型建构与关键因素分析。

在调查问卷的最初版本，该部分调查类目的关键要素包括：硬件终端因素、软件平台因素、教学空间因素、数据分析因素、资源接入因素、网络覆盖因素。

（四）第四部分：智能教育教学应用

第四部分的调查问题也会与第二部分有所交叉，但该部分依然是基于 EPL 模型进行设计的，以进行模型建构与因素分析。同时该部分的问题根据《广东省中小学教师信息化教学能力测评指南》的相关指标进行了设计（B1、

B2、B3、B4、B5、B6、G4、G5、G6、G7、G8）。

该部分调查类目的关键要素包括：基于数据分析的学情诊断、基于智能反馈的学情分析、跨学科学习活动设计、创造真实学习情境、创新解决问题的方法、支持学生创造性学习与表达、基于数据的个别化指导、应用或创建数据分析模型、智慧教学的方法与环境、智慧教育背景下教研活动组织或参与、智慧教育环境下教学模式创新。

（五）第五部分：智能教育素养

第五部分的调查问题也会与第二部分有所交叉，但该部分依然是基于 EPL 模型进行设计的，以进行模型建构与因素分析。

在调查问卷的最初版本，该部分调查类目的关键要素包括：智能教育知识因素、智能教育能力因素、智能教育态度及伦理因素。

表 2－3　人工智能助推教师队伍建设调查问卷结构

一级因素	二级因素	题目设置	指标来源
第一部分 基本情况	背景调查	性别、年龄、教龄、最高学历、所属地区、教学学段、主要任教学科、是否为学生家长、是否为学校管理者	教师基本情况调查以及对管理者、教师、家长的角色划分
第二部分 人工智能建设 与应用情况	建设理念类	智能教育的重要程度	对人工智能助推教师队伍建设情况的基本讨论
		智能教育的支持程度	
		对智能教育的感兴趣程度	
	建设情况类	人工智能教育规划	
		人工智能教育领导小组	
		人工智能教育教研组	
		人工智能特色场室	
		人工智能相关课程	

（续上表）

一级因素	二级因素	题目设置	指标来源
第二部分 人工智能建设 与应用情况	建设情况类	人工智能教学课时	对人工智能助推教师队伍建设情况的基本讨论
		人工智能课程开设情况	
		人工智能课程来源	
	具体项目类	人工智能教学方式	
		人工智能课程内容	
		人工智能教育目的	
第三部分 智能教育环境	硬件终端因素	智能课室	（1）关于人工智能终端的相关文献，描述为师生配备能满足教与学需要的智能终端，设备终端能够提供的保障，具体的设备种类等 （2）如《信息化环境中的智慧教室的构建》（《现代教育技术》杂志）
		智能硬件	
		智能设备	
	软件平台因素	智能教学平台	（1）关于人工智能教学软件平台的相关文献，描述软件平台的构成以及软件平台所能实现的功能 （2）如《高校智慧教学环境的建设和运行机制思考：以四川大学为例》（《现代教育技术》杂志）
		智能管理平台	
		校园综合管理平台	
	教学空间因素	个人空间	（1）关于人工智能教学空间的相关文献，描述物理空间和虚拟空间，应体现可重构性、智能性和延伸性 （2）如《智慧教室：概念特征、系统模型与建设案例》（《现代教育技术》杂志）；《以智慧教育引领教育信息化创新发展》（《中国教育信息化》杂志）
		课程空间	
		混合教学空间	
		泛在教学空间	

（续上表）

一级因素	二级因素	题目设置	指标来源
第三部分 智能教育环境	数据分析因素	记录学情	（1）关于人工智能数据分析的相关文献，描述数据采集、数据分析、数据呈现的情况，以更好地优化学习以及学习情境，便于后续提供精准决策、个性化服务和优化结果 （2）如《智慧课堂的数据流动机制与生态系统构建》（《中国远程教育》杂志）；《智慧教育环境的适用与搭建》（《教学与管理》杂志）
		反映教学	
		掌握趋势	
		发现特征	
		提供预警	
		形成报告	
		发布报告	
	资源接入因素	获取资源	（1）关于人工智能资源接入的相关文献，按照《教育部教育资源建设技术规范》，应统一标准，实现资源动态调配和按需使用。当前资源的特征表现为来源多样性、接收动态性、地域时效性、安全复杂性 （2）如《面向智慧教育的物联网模型及其功能实现路径研究》（《电化教育研究》杂志）
		推送资源	
	网络覆盖因素	网络接入	（1）关于人工智能网络覆盖的相关文献，描述网络能够全方位覆盖校园，满足智能环境建设与应用要求 （2）如《智能教育体系架构与关键支撑技术》（《中国电化教育》杂志）
		网络问题	

（续上表）

一级因素	二级因素	题目设置	指标来源
第四部分 智能教育 教学应用	基于数据分析 的学情诊断	行为记录	《广东省中小学教师信息化教学能力测评指南》G4 微能力，描述学生学习行为数据获取和分析的方法，全面了解学生的学习情况和身心发展
		了解情况	
	基于智能反馈 的学情分析	功能应用	《广东省中小学教师信息化教学能力测评指南》G5 微能力，描述智慧教学环境中师生使用平台、课程资源、功能模块等数据生成智能反馈，帮助教师深入掌握学生的情况
		基于反馈的应用	
	跨学科学习活动设计		《广东省中小学教师信息化教学能力测评指南》B1 微能力，描述采取合适的信息技术设计跨学科学习活动，培养学生各方面的能力
	创造真实 学习情境	基于资源开展教学	《广东省中小学教师信息化教学能力测评指南》B2 微能力，描述利用技术工具创设真实的学习情境，与现实生活紧密联系
		基于工具开展教学	
	创新解决问题 的方法	基于平台解决问题	《广东省中小学教师信息化教学能力测评指南》B3 微能力，描述利用信息技术为学生问题的解决提供多种途径和方法，培养学生的问题解决能力和问题意识
		提供问题解决功能	

（续上表）

一级因素	二级因素	题目设置	指标来源
第四部分 智能教育 教学应用	支持学生创造性 学习与表达	学生作品展示	《广东省中小学教师信息化教学能力测评指南》B4 微能力，描述选取合适的信息技术，支持学生的创造性学习、表达、交流以及成果展示，进而培养学生的创造性思维
		学生作品评价	
	基于数据的个别化指导		《广东省中小学教师信息化教学能力测评指南》B5 微能力，描述利用信息技术采集和分析学生各方面的数据
	应用或创建数据分析模型		《广东省中小学教师信息化教学能力测评指南》B6 微能力，描述针对教学存在的实际问题，创建数据分析模型，并能掌握模型的应用和评价方法
	智慧教学的方法与环境		《广东省中小学教师信息化教学能力测评指南》G6 微能力，描述在智慧教育背景下，合理使用智慧教学设备，从而有目的、有计划地开展教学
	智慧教育背景下教研活动组织或参与		《广东省中小学教师信息化教学能力测评指南》G7 微能力，描述在智慧教育背景下，合理利用信息技术开展和参与教研活动
	智慧教育环境下教学模式创新		《广东省中小学教师信息化教学能力测评指南》G8 微能力，描述在智慧教育环境下，合理利用智慧教学工具，创新教学模式

（续上表）

一级因素	二级因素	题目设置	指标来源
第五部分 智能教育素养	智能教育 知识因素	知识有用性	（1）素养准备，描述教师应具备人工智能时代的基本知识、教学实践知识以及教育教学领域的人工智能技术知识 （2）如《基于核心素养的学生智能素养构建及其培育》（《当代教育科学》杂志）；《人工智能时代教师的智能教育素养探究》（《现代教育技术》杂志）
		基本原理性	
		基础技术知识	
		基本原理知识	
		基本应用知识	
		设备用法知识	
	智能教育 能力因素	问题解决能力	（1）智能备课能力，描述智能时代的教师应具备的人工智能教育应用方案的设计能力 （2）智能授课能力，智能时代的教师应具备基于人工智能技术开展教学的能力 （3）专业发展能力，教师应具备利用人工智能技术解决专业发展的能力 （4）如《人工智能时代教师的智能教育素养探究》（《现代教育技术》杂志）
		多维问题解决	
		案例解决	
		非算法解决	
		主动应用	
		融入教学意识	
		合作管理技能	
	智能教育态度 及伦理因素	风险性	（1）意识态度，描述教师应具备对待人工智能及其教育应用的理性看法和观念 （2）伦理规范，描述教师在开展智能教育教学实践过程中应遵循的伦理道德规范 （3）如《人工智能时代教师的智能教育素养探究》（《现代教育技术》杂志）
		教师主体性	
		学习辅助性	
		教学辅助性	
		管理辅助性	
		法律法规	
		道德修养	

二、问卷发放与基本情况分析

（一）被调查者基本情况

2021 年 10 月至 2022 年 3 月，调研组在进行问卷的优化后进行问卷发放，面向广东省各地市中小学教师开展调查，截至 2022 年 3 月，共收集问卷 13 537 份，对参与调查的被调查者进行分析，结果如下：

教师性别方面，参与调查的教师，男性教师占比 39.1%，女性教师占比 60.9%。女性教师占较大比例，如图 2-5 所示。

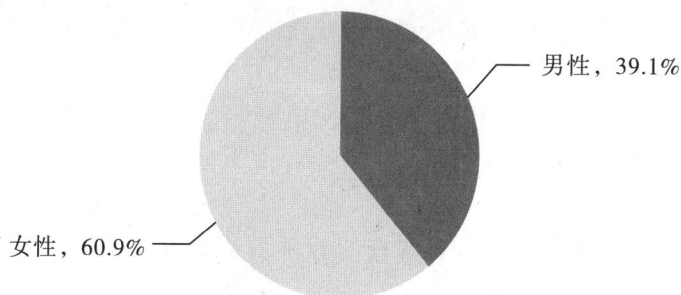

图 2-5　教师性别占比

教师年龄方面，参与调查的教师，25 岁及以下占比 9.1%，26～30 岁占比 14.6%，31～35 岁占比 14.5%，36～40 岁占比 16%，41～45 岁占比 22.1%，46～50 岁占比 15.1%，51～55 岁占比 6.4%，56 岁及以上占比 2.1%。中青年教师（26～45 岁）占绝大多数，如图 2-6 所示。

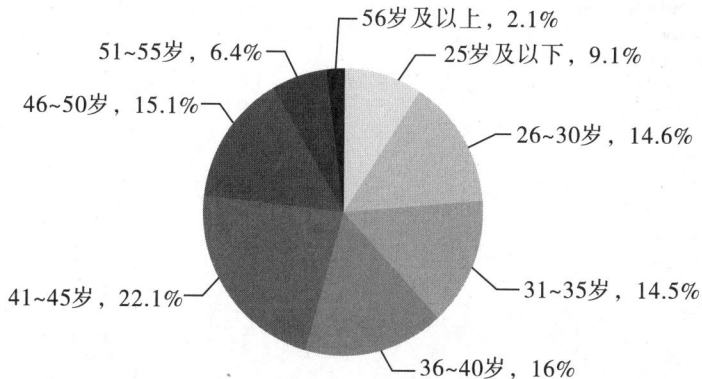

图 2-6　教师年龄占比

教师教龄方面，参与调查的教师，10 年以下教龄占比 33.4%，10 ～ 20 年教龄占比 27%，20 ～ 30 年教龄占比 31.4%，30 年及以上教龄占比 8.3%。教师教龄分布相对平均，新手教师占比稍多，如图 2-7 所示。

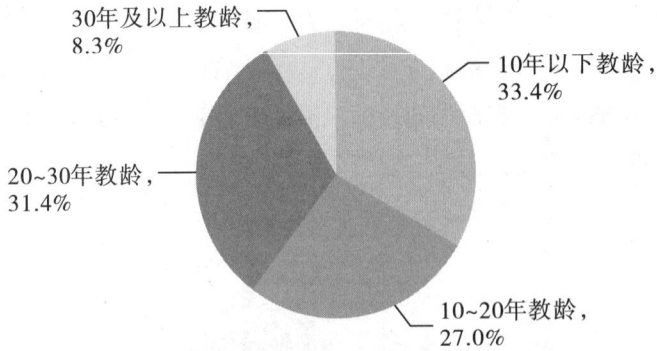

图 2-7　教师教龄占比

教师所属地区方面，参与调查的教师所在地区按比例排名为：湛江 23.4%，汕头 19.5%，广州 13.1%，中山 10.8，佛山 7.6%，茂名 4.4%，东莞 3.4%，云浮 2.6%，惠州 2.1%，清远 2.1%，深圳 1.9%，珠海 1.8%，江门 1.7%，梅州 1.4%，潮州 0.8%，揭阳 0.6%，河源 0.5%，韶关 0.2%，肇庆 0.2%，汕尾 0.1%，省外地区 1.6%。如图 2-8 所示。

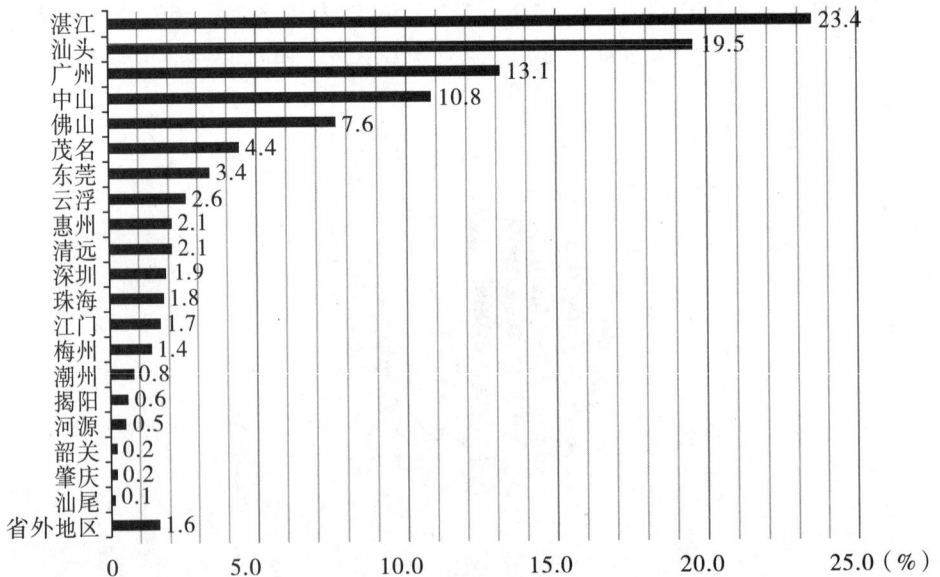

图 2-8　教师所属地区分布

教师主要任教学科方面，参与调查的教师主要任教学科按比例排名为：信息技术 25.4%，语文 19.5%，数学 15.7%，英语 10.3%，科学 5.8%，其他 4.4%，生物 2.4%，体育 2.4%，综合 2.1%，道德 2.0%，物理 1.9%，音乐 1.8%，美术 1.8%，化学 1.4%，通用技术 0.8%，地理 0.8%，历史 0.7%，政治 0.7%。如图 2 - 9 所示。

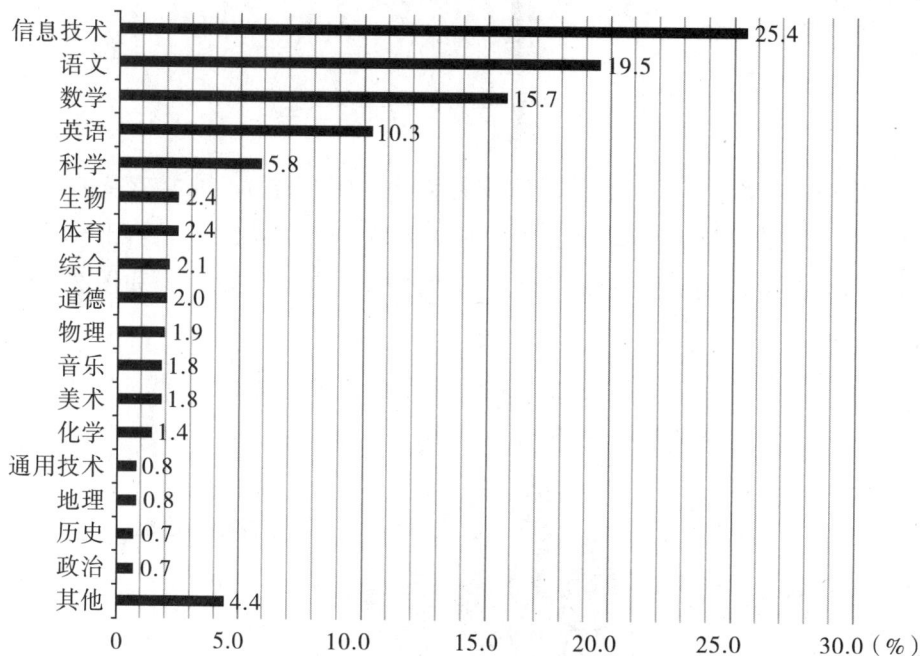

图 2 - 9 教师主要任教学科分布

（二）人工智能教育建设与应用情况

1. 建设理念类

在被调查者对于人工智能教育重要程度的调查方面，认为非常重要的占比 55.9%，较重要的占比 31.9%，一般的占比 10.8%，不太重要的占比 1.3%。绝大多数教师认为人工智能教育是重要的（87.8%），如图 2 - 10 所示。

不太重要，1.3%

一般，10.8%

较重要，31.9%

非常重要，55.9%

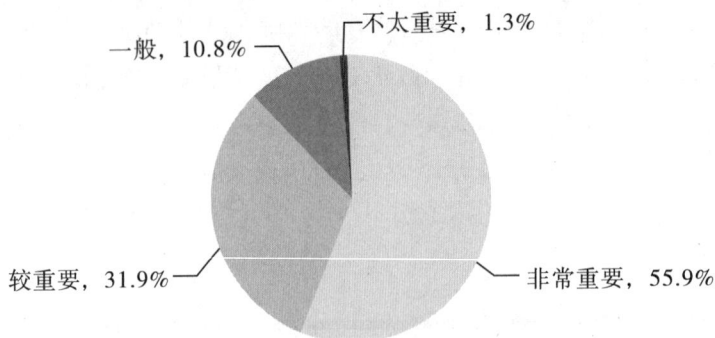

图 2-10　人工智能教育的重要程度

在被调查者对于人工智能教育支持程度的调查方面，非常支持的占比 38.4%，较支持的占比 34.2%，一般的占比 23.8%，不太支持的占比 3.7%。绝大多数教师还是比较支持开展人工智能教育的（72.6%），如图 2-11 所示。

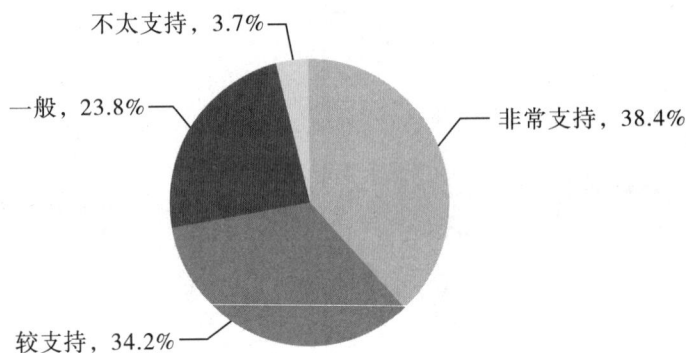

不太支持，3.7%

一般，23.8%

非常支持，38.4%

较支持，34.2%

图 2-11　对人工智能教育的支持程度

在被调查者对于人工智能教育感兴趣程度的调查方面，非常感兴趣的占比 52.0%，较感兴趣的占比 34.1%，一般的占比 13.4%，不太感兴趣的占比 0.5%。绝大多数教师对人工智能教育是比较感兴趣的（86.1%），如图 2-12 所示。

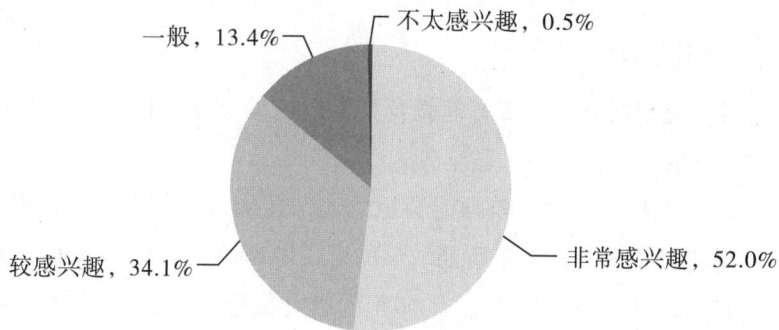

图 2 – 12　对人工智能教育的感兴趣程度

　　综上，在建设理念方面，教师普遍对于人工智能教育的重视程度、支持程度和感兴趣程度都较高，即当前中小学教师在理念上能够全面接受智能教育的建设与应用。

　　2. 建设情况类

　　建设情况类包括各学校出台的人工智能教育规划、人工智能教育领导小组、人工智能教育教研组、人工智能教育场室等基本情况。36.3% 的被调查学校出台了相关人工智能教育规划，63.7% 还未提出。34.9 的被调查学校组织了相关人工智能教育领导小组，65.1% 还未组织。38.2% 的被调查学校组建了相关人工智能教育教研组，61.8% 还未组建。46.1% 的被调查学校配备了人工智能设备、场室，53.9% 还未配备。35.9% 的被调查学校正在开发人工智能校本课程，64.1% 还未开发。如图 2 – 13 所示。

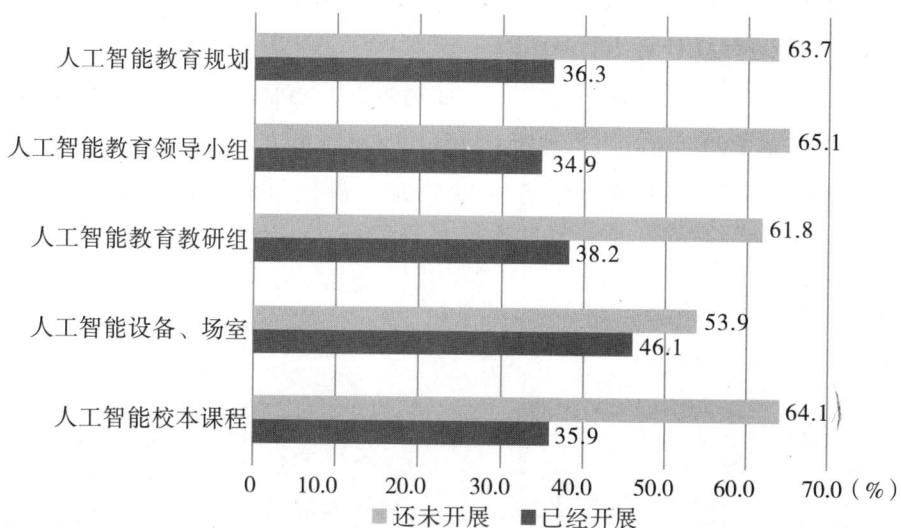

图 2 – 13　人工智能教育基本建设情况

3. 具体项目类

具体项目是对已开展人工智能教育相关措施的具体项目调查，包括教学人数、教学课时、内容来源、教学方式等。

（1）教学人数。在学校教师能够担任人工智能教学的人数占比调查中，大约10%的教师能够担任人工智能教学的学校占69.5%，有30%的教师能够担任人工智能教学的占15.8%，有50%的教师能够担任人工智能教学的占10.6%，有80%以上的教师能够担任人工智能教学的占4.2%。可见，被调查的学校中能够承担人工智能相关主题教学的教师还是占少数，但初具一定规模。

（2）教学课时。在学校人工智能类课程开设情况调查中，75.4%的学校暂无固定课时，17.9%的学校每周能够保证1课时，3.8%的学校每周能够保证2课时，2.9%的学校每周能够保证3课时及以上。表明人工智能课程教学还未形成常态化。

（3）内容来源。在对人工智能课程内容的来源调查中，15.6%来自自主研发，40.3%来自信息技术类统编教材，13.7%来自社会购买，30.5%来自其他方式。可见，大多数学校所开展的人工智能课程都基于信息技术的教材内容，且还有一部分内容通过多维的方式开展，这一点值得后续进行深入探究。

（4）教学方式。在学校开展人工智能教学的主要方式调查中，按所占比例排名为：可视化呈现（如思维导图、Visio）占比46.3%，图形化编程学习（如编程猫）占比46.1%，编程语言教学（如Python）占比44.1%，创客教育（如智能小屋设计）占比41.1%，STEM/STEAM教育（如自然植物智能识别）占比25.7%，开源硬件学习（如树莓派）占比21.1%，物联网应用（如声音传感器的创新应用）占比18.9%，其他教学方式占比36.0%。可见，当前中小学人工智能的教学方式主要为可视化呈现、图形化编程，如图2-14所示。

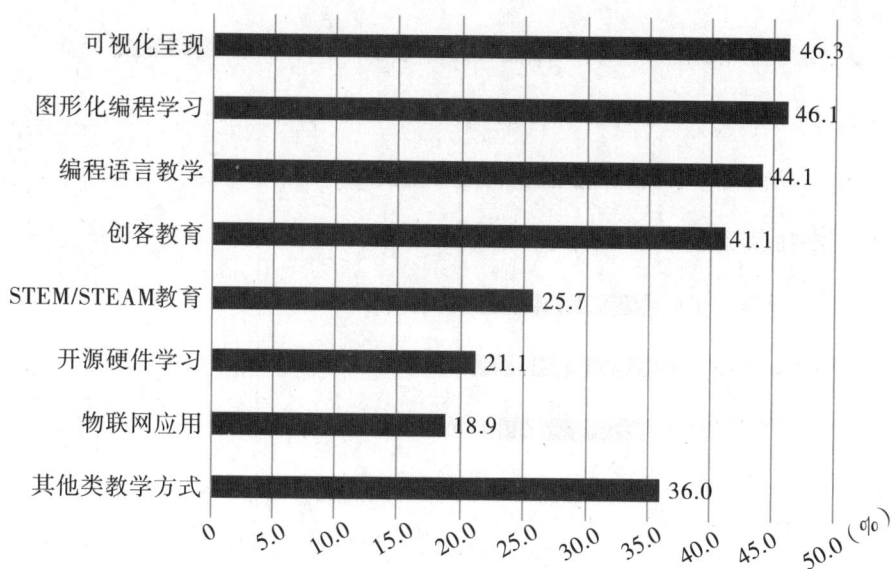

图 2 - 14　人工智能教育教学方式

（5）课程内容。在学校开展人工智能教学的课程内容调查中，按所占比例排名为：人工智能基本概念占比 55%，人工智能基础设备学习占比 38.8%，人工智能基础算法占比 31.8%，人工智能场景应用占比 29.0%，机器人开发占比 25.5%，开源硬件开发占比 18.4%，人工智能伦理道德学习占比 16.0%，其他占比 34.1%。可见，目前人工智能教学的主要内容聚焦在人工智能基本概念上，且还包括对人工智能设备、算法、场景的学习，这也体现了 EPL 模型所设计的从学习技术向应用技术，再向融合技术方向迈进的过程。如图 2 - 15 所示。

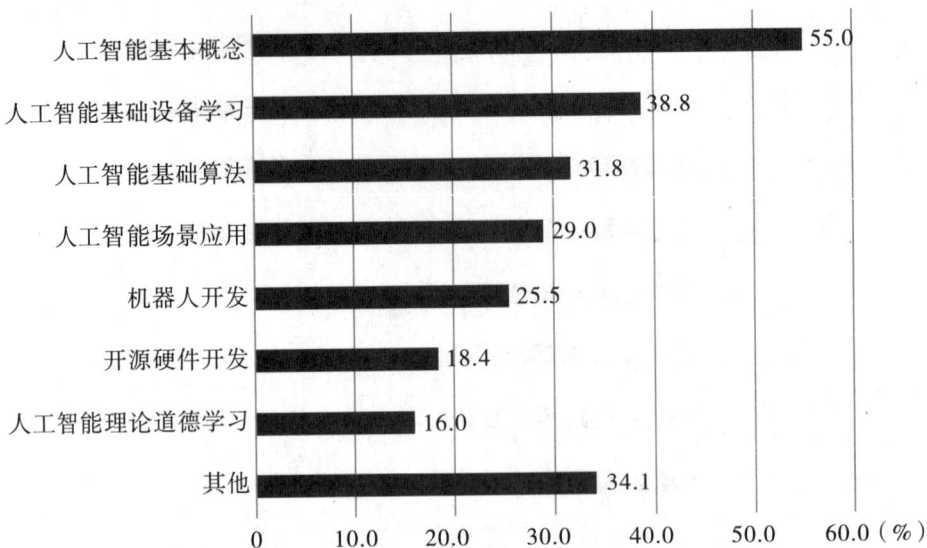

图2-15　人工智能教学课程内容

（6）教育目的。在学校开展人工智能教学的主要目的调查中，按所占比例排名为：促进学生综合素质发展占比72.9%，促进学校教学质量占比66.5%，促进教师专业发展占比61.4%，紧跟社会发展趋势占比55.0%，探索教学新模式占比46.4%，革新教学方式占比32.2%，满足区域规划要求占比27.8%，其他占比18.8%。可见，各个学校开展人工智能教学的主要目的还是提高学生的综合素质，其次是提升教学质量，再次是促进教师专业发展，这也体现了学校的主要任务还是聚焦于教学，而人工智能的应用就是为了解决教学中的重点、难点问题，符合当前人工智能教学的应用目的。如图2-16所示。

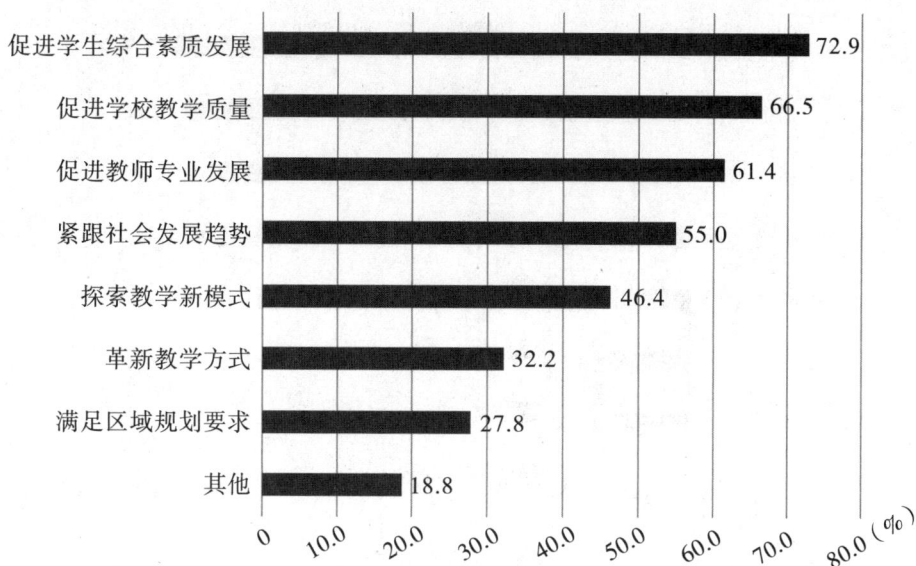

图 2 - 16　人工智能教学主要目的

（7）主要困难。在学校开展人工智能教学的主要困难调查中，按所占比例排名为：缺乏专业指导占比 78.6%，设备、场室建设滞后占比 73.5%，师资不足占比 72.3%，经费不足占比 67.0%，学生没兴趣占比 67.0%，缺乏明确规划占比 62.0%，家长不支持占比 13.8%，其他占比 11.8%。可见，学校开展人工智能教育的最主要问题是缺乏专业指导，其次是缺乏相应场室、设备，之后是师资不足、经费不足等，总体反映出缺乏相应的资源支撑。如图 2 - 17 所示。

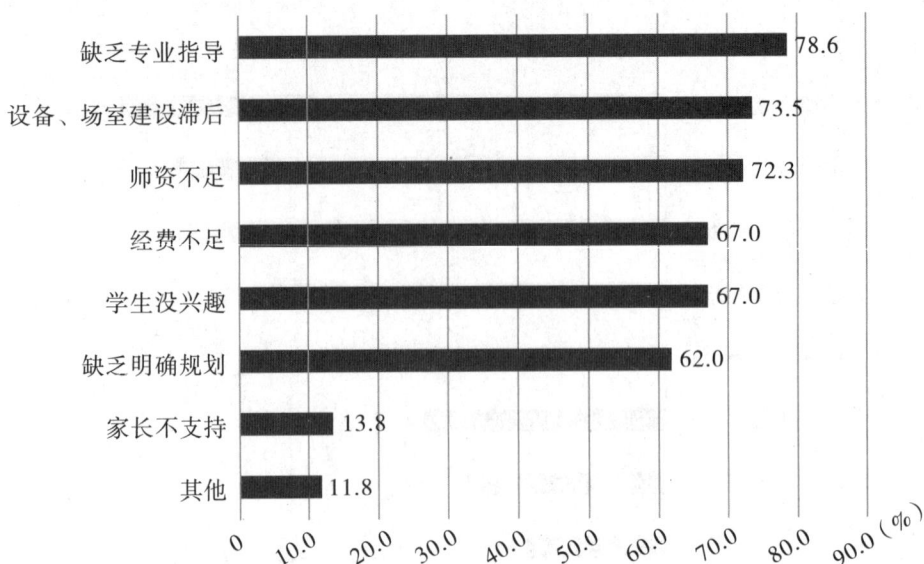

图 2-17 开展人工智能教学的主要困难

通过对人工智能建设与应用情况调查发现，人工智能教师人数和课时依然较少，且课程内容也主要来自信息技术类统编教材，人工智能教学还处于探索与起步阶段，但是被调查者普遍认同人工智能教学的重要性，支持人工智能教学开展且对此很感兴趣。同时，开展人工智能教学的具体方式反映了人工智能教学的一些细节，教师通过可视化工具和算法工具开展人工智能教学，重要目的是促进学生发展和教师专业化发展。人工智能教学开展的主要困难是缺乏专业指导、场室支撑和师资等。以上发现体现了开展人工智能教学的必要性，更重要的是发现了人工智能教学的发展方向和具体方式。

第三节 EPL 模型建构

一、基于 EFA 的模型因子探索

（一）因子适用性检验及因子负荷分析

因子适用性检验及因子负荷分析利用 SPSS 对样本数据进行因子信度和适用性检验，α 信度系数为 0.988，信度较高，如表 2-4 所示。

表 2-4　各维度信度系数值

维度	各维度信度系数	总体 α 信度
智能教育环境	0.982	
智能教育教学应用	0.988	0.988
智能教育素养	0.990	

为验证因子分析的适用性，进行 KMO 测度检验和 Bartlett 球形检验，KMO 测度检验结果为 0.962（大于 0.8），表明该问卷数据非常适合做因子分析；Bartlett 球形检验结果为 0.000（小于 0.05），表明变量存在有意义的相关关系。对"人工智能助推教师队伍建设调查问卷"的 3 个类别指标 57 道问题的因子进行方差最大化正交旋转，得到因子负荷量和旋转后因子负荷系数。经检验，因子对于变量解释的贡献率为 86.808%，总体 α 信度系数为 0.973。以因子负荷量大于 0.6 为标准进行因子筛选，删除智能资源创建、智能数据采集与服务、教学设计、学业评价四类因素，并把智能环境及基础设施维度拆分为智能教学空间和智能环境基础建设，获得最终版"人工智能助推教师队伍建设调查问卷"。该问卷包含 3 个类别共 57 道题目，根据 Costello 与 Osborne 的探索性因子分析中题目数与样本量比例的研究，样本量与题目数比例在 5：1 ~ 10：1 范围内能够保证 60% 的有效因素存在，样本量与最终题目数比例为 9.76：1（420：43），符合探索性因子分析的探索有效性。

（二）各类指标因子负荷量分析

智能教育环境类指标筛选出 3 类共 21 道题目。具体来说，教学空间因素，信度 = 0.92，均值 = 4.87，标准差 = 1.67，因子负荷量均值 = 0.74***；基础环境因素，信度 = 0.94，均值 = 4.60，标准差 = 1.81，因子负荷量均值 = 0.85***；数据收集与分析因素，信度 = 0.98，均值 = 4.58，标准差 = 1.76，因子负荷量均值 = 0.94***。根据指标判断，各类因素信度较高，因子负荷量均在 0.7 以上，以上因素对智能教育环境指标具有较好的解释度。

智能教育教学应用类指标筛选出 3 类共 16 道题目。具体来说，学情分析因素，信度 = 0.98，均值 = 4.67，标准差 = 1.78，因子负荷量均值 = 0.88***；学法指导因素，信度 = 0.96，均值 = 4.77，标准差 = 1.75，因子负荷量均值＝0.75***；融合分析因素，信度＝0.97，均值＝4.82，标准差＝1.70，因子负荷量均值＝0.86***。根据指标判断，各类因素信度较高，因子负荷量均在0.7以上，以上因素对智能教育教学应用类指标具有较好的解释度。

智能教育素养类指标筛选出3类共20道题目。具体来说，智能知识素养因素，信度＝0.97，均值＝5.62，标准差＝1.31，因子负荷量均值＝0.91***；智能能力素养因素，信度＝0.82，均值＝5.44，标准差＝1.29，因子负荷量均值＝0.73***；智能态度素养因素，信度＝0.98，均值＝5.79，标准差＝1.29，因子负荷量均值＝0.80***。根据指标判断，各类因素信度较高，因子负荷量均在0.7以上，以上因素对智能教育素养类指标具有较好的解释度。

（三）因子相关性分析

通过 SPSS 对各因素相关性进行分析，发现三个类别的各个因素存在高度相关（$p < 0.01$）且差异高度显著（$p < 0.01$），同时三个类别因素的相关关系具有逐层相关的特点，即智能教育教学应用类因素与智能教育环境类因素具有较高相关性（$r > 0.7$）。

表 2-5　人工智能助推教师队伍建设各因素相关性

	教学空间	基础环境	数据收集与分析	学情分析	学法指导	融合分析	智能知识素养	智能能力素养	智能态度素养
教学空间	1.000								
基础环境	0.75**	1.000							
数据收集与分析	0.82**	0.77**	1.000						
学情分析	0.76**	0.72**	0.89**	1.000					
学法指导	0.77**	0.72**	0.84**	0.89**	1.000				

(续上表)

	教学空间	基础环境	数据收集与分析	学情分析	学法指导	融合分析	智能知识素养	智能能力素养	智能态度素养
融合分析	0.78**	0.73**	0.85**	0.88**	0.91**	1.000			
智能知识素养	0.48**	0.44**	0.43**	0.48**	0.50**	0.51**	1.000		
智能能力素养	0.48**	0.47**	0.480**	0.50**	0.49**	0.51**	0.87**	1.000	
智能态度素养	0.41**	0.36**	0.34**	0.40**	0.43**	0.45**	0.88**	0.83**	1.000

　　根据人工智能助推教师队伍建设模型各因素相关性分析结果，可以进一步细化研究假设1、研究假设2和研究假设3，以各指标影响因素作为观测变量，以三类因素作为潜在变量，提出以下假设对模型因素进行适配（如图2-18所示）：

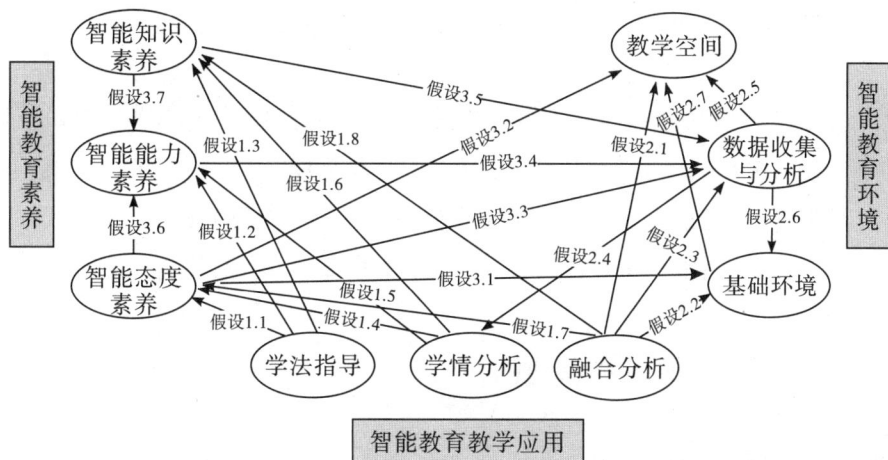

图 2-18　人工智能助推教师队伍建设模型

假设1：智能教育教学应用与智能教育素养具有高度相关性。

假设1.1：学法指导因素对智能态度素养因素具有显著性影响。

假设1.2：学法指导因素对智能能力素养因素具有显著性影响。

假设1.3：学法指导因素对智能知识素养因素具有显著性影响。

假设1.4：学情分析因素对智能态度素养因素具有显著性影响。

假设1.5：学情分析因素对智能能力素养因素具有显著性影响。

假设1.6：学情分析因素对智能知识素养因素具有显著性影响。

假设1.7：融合分析因素对智能态度素养因素具有显著性影响。

假设1.8：融合分析因素对智能知识素养因素具有显著性影响。

假设2：智能教育教学应用与智能教育环境具有高度相关性。

假设2.1：融合分析因素对教学空间因素具有显著性影响。

假设2.2：融合分析因素对基础环境因素具有显著性影响。

假设2.3：融合分析因素对数据收集与分析因素具有显著性影响。

假设2.4：数据收集与分析因素对学情分析因素具有显著性影响。

假设2.5：数据收集与分析因素对教学空间因素具有显著性影响。

假设2.6：数据收集与分析因素对基础环境因素具有显著性影响。

假设2.7：基础环境因素对教学空间因素具有显著性影响。

假设3：智能教育素养与智能教育环境具有高度相关性。

假设3.1：智能态度素养因素对基础环境因素具有显著性影响。

假设3.2：智能态度素养因素对教学空间因素具有显著性影响。

假设3.3：智能态度素养因素对数据收集与分析因素具有显著性影响。

假设3.4：智能能力素养因素对数据收集与分析因素具有显著性影响。

假设3.5：智能知识素养因素对数据收集与分析因素具有显著性影响。

假设3.6：智能态度素养因素对智能能力素养因素具有显著性影响。

假设3.7：智能知识素养因素对智能能力素养因素具有显著性影响。

二、基于 SEM 的模型建构

（一）模型适配

根据因子相关性分析结果，形成了包含 3 个类别 57 题目的实践共同体评价模型，因素 α 信度系数都高于 0.9，同时具有较高的因子分析适用性（$KMO > 0.8$）和因素相关性（$r > 0.6$），对全部样本（$N = 842$）进行模型建构，应用结构方程模型（SEM）分析因子关系及其路径系数，根据模型适配结果进行修正，修正后得到模型适配关键指标，如卡方自由度（χ^2/df）为 2.953（小于 3），$RMSEA$ 值为 0.048（小于 0.08），CFI 值为 0.981（大于 0.9），如表 2-3 所示总体指标能够适配且达到较好结果，表明该模型适配度较高，证明该模型及其问卷能够较好评价人工智能助推教师队伍建设水平，并且具有较好的结构效度。

表 2-6　结构方程模型适配结果及适配标准

适配指标	检验结果	适配标准（x）	适配结果
χ^2/df 值	2.953	$x < 3.00$	适配
NFI 值	0.971	$x > 0.90$	适配
RFI 值	0.966	$x > 0.90$	适配
IFI 值	0.981	$x > 0.90$	适配
TLI 值	0.977	$x > 0.90$	适配
CFI 值	0.981	$x > 0.90$	适配
GFI 值	0.914	$x > 0.90$	适配
$AGFI$ 值	0.891	$x > 0.90$	未适配
$RMSEA$ 值	0.048	$x < 0.08$	适配

（二）路径系数与假设检验

根据模型适配检验后发现该模型适配度较好，由路径系数及假设检验得到最终人工智能助推教师队伍建设模型，如表 2-7 所示。

表 2 - 7　路径系数与假设检验结果

模型路径			路径系数	p 值	假设检验
智能态度素养	<——	学法指导	-1.945	* * *	肯定假设 1.1
智能能力素养	<——	学法指导	0.156	0.119	否定假设 1.2
智能知识素养	<——	学法指导	1.689	* * *	肯定假设 1.3
智能态度素养	<——	学情分析	2.621	* * *	肯定假设 1.4
智能能力素养	<——	学情分析	-0.193	0.103	否定假设 1.5
智能知识素养	<——	学情分析	-2.199	* * *	肯定假设 1.6
智能态度素养	<——	融合分析	-0.087	0.669	否定假设 1.7
智能知识素养	<——	融合分析	0.896	* * *	肯定假设 1.8
教学空间	<——	融合分析	0.224	* * *	肯定假设 2.1
基础环境	<——	融合分析	0.287	* * *	肯定假设 2.2
数据收集与分析	<——	融合分析	0.703	* * *	肯定假设 2.3
学情分析	<——	数据收集与分析	1.093	* * *	肯定假设 2.4
教学空间	<——	数据收集与分析	0.476	* * *	肯定假设 2.5
基础环境	<——	数据收集与分析	0.527	* * *	肯定假设 2.6
教学空间	<——	基础环境	0.184	* * *	肯定假设 2.7
基础环境	<——	智能态度素养	0.048	0.050	否定假设 3.1
教学空间	<——	智能态度素养	0.087	* * *	肯定假设 3.2
数据收集与分析	<——	智能态度素养	-2.888	* * *	肯定假设 3.3
数据收集与分析	<——	智能能力素养	3.422	* * *	肯定假设 3.4
数据收集与分析	<——	智能知识素养	-0.358	0.570	否定假设 3.5
智能能力素养	<——	智能态度素养	-0.666	0.036	否定假设 3.6
智能能力素养	<——	智能知识素养	1.639	* * *	肯定假设 3.7

　　模型适配后的路径系数与 p 值分析，验证了假设 1、假设 2、假设 3，构建了人工智能助推教师队伍建设模型路径系数，如图 2 - 19 所示。

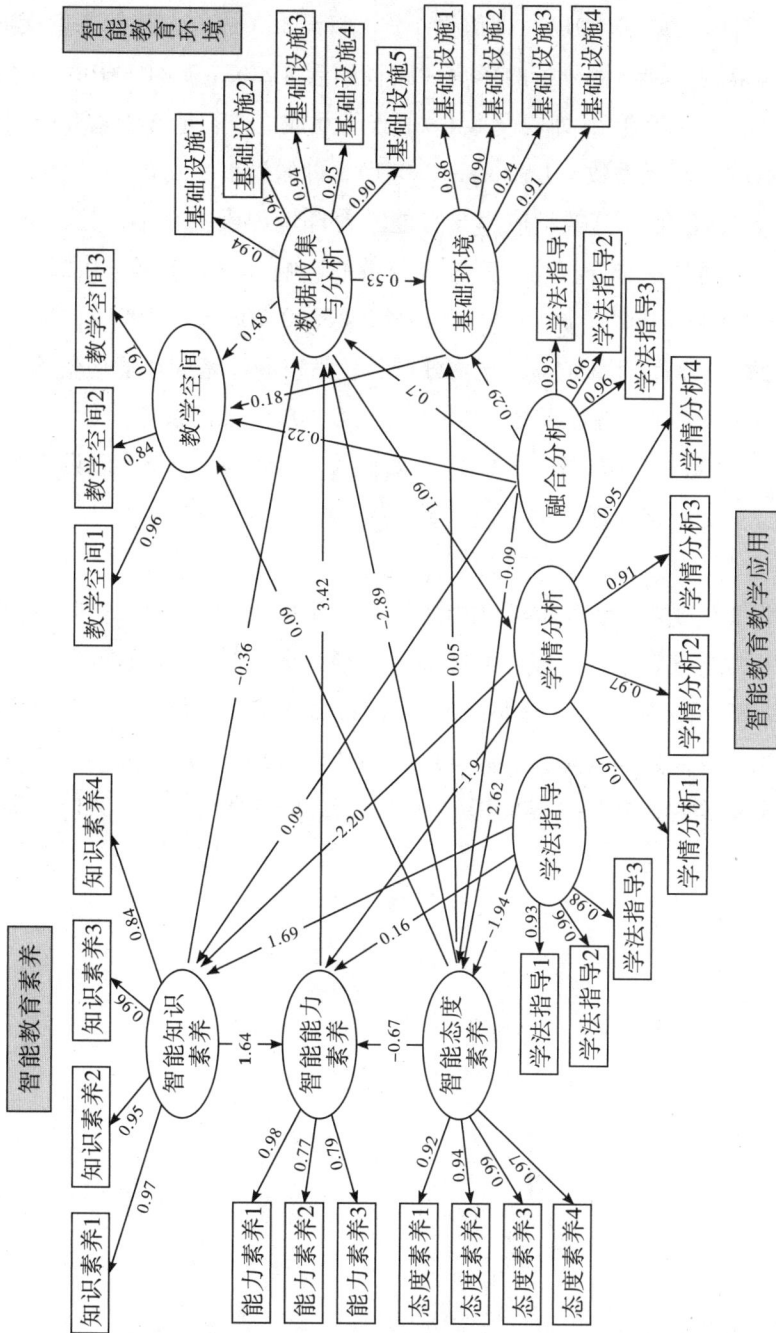

图2-19 人工智能助推教师队伍建设模型路径系数图

在假设1，智能教育教学应用与智能教育素养因素关系中，智能态度素养、智能知识素养均受到学法指导的影响（路径系数 = -1.94，$p < 0.001$；路径系数 = 1.68，$p < 0.001$），即假设1.1、假设1.3成立。智能态度素养、智能知识素养均受到学情分析的影响（路径系数 = 2.62，$p < 0.001$；路径系数 = -2.20，$p < 0.001$），即假设1.4、假设1.6成立。智能知识素养受到融合分析的影响（路径系数 = 0.90，$p < 0.001$），即假设1.8成立。

在假设2，智能教育教学应用与智能教育环境因素关系中，教学空间、基础环境、数据收集与分析均受到融合分析的影响（路径系数 = 0.22，$p < 0.001$；路径系数 = 0.29，$p < 0.001$；路径系数 = 0.70，$p < 0.001$），即假设2.1、假设2.2、假设2.3成立。学情分析、教学空间、基础环境均受到数据收集与分析的影响（路径系数 = 1.09，$p < 0.001$；路径系数 = 0.48，$p < 0.001$；路径系数 = 0.53，$p < 0.001$），即假设2.4、假设2.5、假设2.6成立。教学空间受到基础环境的影响（路径系数 = 0.18，$p < 0.001$），即假设2.7成立。

在假设3，智能教育素养与智能教育环境因素关系中，教学空间与数据收集与分析均受到智能态度素养的影响（路径系数 = 0.09，$p < 0.001$；路径系数 = -2.89，$p < 0.001$），即假设3.2、假设3.3成立。数据收集与分析受到智能能力素养的影响（路径系数 = 3.42，$p < 0.001$），即假设3.4成立。智能能力素养受到智能知识素养的影响（路径系数 = 1.64，$p < 0.001$），即假设3.7成立。

第三章 | 关键技术平台分析 |

第一节　平台项目信息

2017 年底，在全国范围内实施长达 5 年之久的中小学教师信息技术能力提升工程 1.0 基本告一段落。2018—2019 年，针对工程 1.0 存在的问题，如信息化教学创新能力不足、乡村教师应用能力薄弱和支持服务不到位等，以及人工智能、大数据等新技术的兴起对教师信息素养提出的新要求，教育部出台了《关于实施全国中小学教师信息技术应用能力提升工程 2.0 的意见》，更加关注如何在教育教学实境中有效应用信息技术。文中提出做整校推进和校本研修的转变，助推信息化。为贯彻落实国家文件和广东省委、省政府《关于全面深化新时代教师队伍建设改革的意见》等文件精神，推动教师主动适应信息化、人工智能等新技术变革，积极有效开展教育教学，广东省教育厅制订了《广东省中小学教师信息技术应用能力提升工程 2.0 实施方案》，实施方案规定采用"整校推进"混合式校本研修模式，将网络研修和校本实践应用相结合，不断提升校长信息化领导能力、研训团队信息化指导能力和教师信息化教学能力。

项目自 2020 年 3 月启动实施以来，已有一批试点区和试点校完成验收工作，教师通过在"广东省能力提升工程 2.0 省级试点校教师信息化教学能力提升远程培训"平台选课和听课，并完成活动和作业，产生了许多真实的过程性的学习数据，通过对教师产生的学习数据进行分析，可得出目前平台课程选修现状、学习者学习情况及存在的问题。

第二节　平台数据集及预处理

一、学员报名信息

学员报名信息共 12 788 条数据，包括用户 ID、姓名、身份证号码、所属区域、所属学校、手机号码、报名时间等。

二、学员成绩信息

学员成绩信息共 12 788 条数据，包括姓名、所属学校、所属区域、证件号、完成课程数/选课总数、完成活动数/活动总数、完成作业数/作业总数和学习时长。

三、学员选课信息

学员选课信息共 81 996 条数据，包括姓名、所属学校、已选课程、应用模式、学时数和课程供应商。

四、研修过程信息

研修过程信息共 12 788 条数据，包括姓名、身份证号码、所属区域、所在单位、选课数、完成课程数和完成情况。

五、平台数据预处理

将所有类型的数据按照教师个人信息进行匹配，共得到 12 788 条数据。学员选课信息单独处理分析。

第三节 平台数据分析结果

一、整体数据分布

（一）整体年龄分布：所有参培人员的年龄段分布情况

年龄分布是指群体中各年龄段个体数在群体中所占的比例情况。以5岁作为一个年龄阶段，对本次参加能力提升工程培训的教师年龄进行统计，得到图3-1。从图中可以看出，参加培训的教师年龄跨度从20多岁至50多岁不等，以30多岁和40多岁的教师居多，其次是20多岁的年轻教师，另有少部分50多岁临近退休的中小学教师也参与了培训。年龄跨度之大，一方面反映了能力提升工程培训的范围之大，另一方面反映了各年龄阶段教师均对信息化教学能力提升有培训的需求，其中以30多岁和40多岁的教师居多。

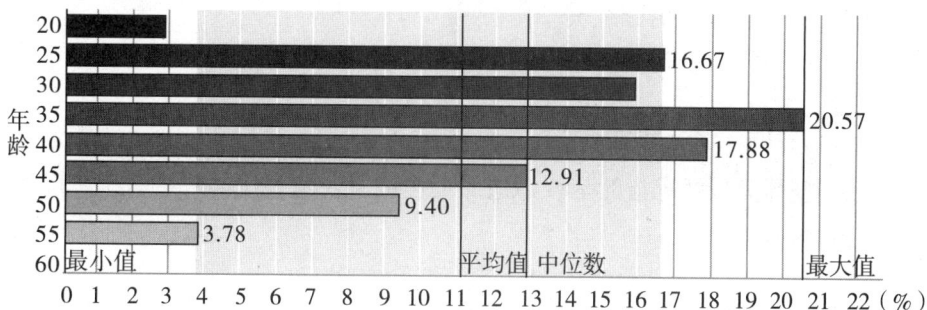

图3-1 参与培训的人员的年龄分布

（二）所属市人数分布：各个市总参培人员数量分布情况

图3-2反映了参与此次培训的教师所属市的分布情况。从图3-2得出，排名前三位的城市为深圳市、广州市和东莞市，总培训人数为12 000人，计算可知每个市培训教师数量均超过了800人。排名后三位的城市为揭阳市、阳江市和珠海市，每个市培训教师数量均低于400人。从总体数量情况看，平均每个城市参与培训的人数达到600人。各城市参与培训人数参差不齐可能与城市教师群体基数有关。

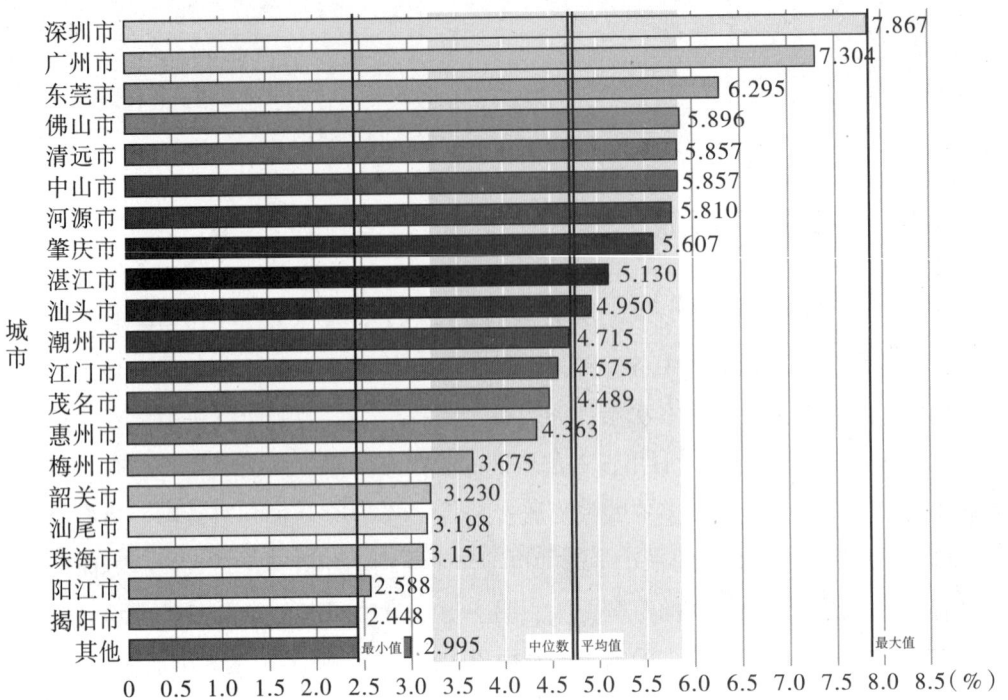

图3-2　各个市参与培训的教师人数情况

二、培训整体完成情况

培训整体完成情况指的是教师选课及完成学习的情况，可结合所属市和年龄段进行分析。

（一）整体完成情况

1. 各个市的整体完成情况

将教师的选课完成情况与所属市结合得到各个市的整体选课完成情况，从表3-1可以看出，各个城市的选课完成情况都比较好，完成情况接近100%。对于少数未选课或者选课未完成的教师应及时督促其完成学习。

表3-1　各个市的整体选课完成情况

（单位:%）

所属市	完成情况		
	未完成	未选课	已完成
肇庆市			100.00
汕尾市			100.00
清远市			100.00
茂名市			100.00
江门市			100.00
佛山市	0.13		99.87
中山市	0.13		99.87
河源市	0.13		99.87
湛江市	0.15		99.85
汕头市		0.16	99.84
珠海市	0.25		99.75
其他	0.26		99.74
揭阳市		0.32	99.68
惠州市	0.18	0.36	99.46
韶关市	0.48	0.24	99.27
东莞市	0.50	0.25	99.25
深圳市	0.40	0.40	99.20
潮州市	0.17	0.66	99.17
梅州市		0.85	99.15
广州市	0.32	0.54	99.14
阳江市	0.60	0.91	99.49

2. 各个年龄段教师的整体完成情况

结合教师的选课及完成情况得到各个年龄段的整体完成情况，从下表可以看出，各个年龄段的完成情况都比较好，说明了各个年龄段教师都对培训持积极的态度。

表3-2　各个年龄段的整体完成情况

（单位：%）

完成情况	年龄段								
	20	25	30	35	40	45	50	55	60
未完成		0.19	0.05	0.08	0.35	0.18	0.25	0.41	
未选定		0.14	0.05	0.11	0.26	0.24	0.42	0.83	9.09
已完成	100.00	99.67	99.90	99.81	99.39	99.58	99.33	98.76	90.91

（二）总学习时长

总学习时长反映了教师的学习时间。可以结合具体指标，如各个市或者各个年龄段对总学习时长进行研究。

1. 各个市的总学习时长分布

将教师的总学习时长与所属地市结合，可得到各个市教师的总学习时长分布图，各个市的总学习时长可从某种程度上反映出该市教师参与培训的人数情况和学习情况。从图3-3看出，排名前三的城市分别为清远市、深圳市和广州市。排名后三位的城市为阳江市、揭阳市和珠海市。在学习时长数值上差距较大，排名第一的城市总学习时长为720万余小时，排名最后的城市总学习时长为190万余小时。可能的原因有：各个城市参与培训的教师数量差距较大、参与培训的教师学习情况参差不齐等。从学习总时长总体分布情况来看，各城市教师平均学习时长为400万余小时，说明了参与此次培训的教师总体积极性比较高。

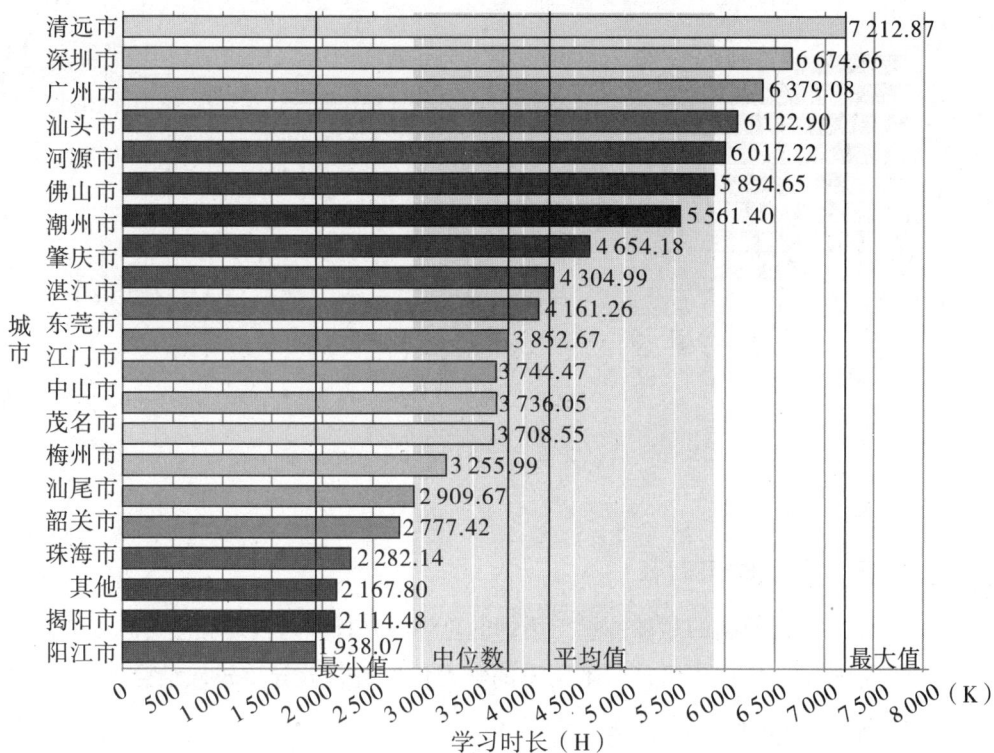

图 3-3 各个市的总学习时长

2. 各个年龄段教师的总学习时长分布

将学习总时长与教师年龄结合，得到不同年龄段的教师总学习时长的分布图，该分布图可从年龄的角度体现总学习时长的排名情况。从图 3-4 可以看出，以 30 多岁和 40 多岁的教师总学习时长最多，其次为 20 多岁的年轻教师，总学习时长最低的是 50 多岁临近退休的中年教师，此数据印证了前面展示的年龄分布图，由于 30 多岁和 40 多岁的教师参培最多，因此，他们的总学习时长数应该最多。

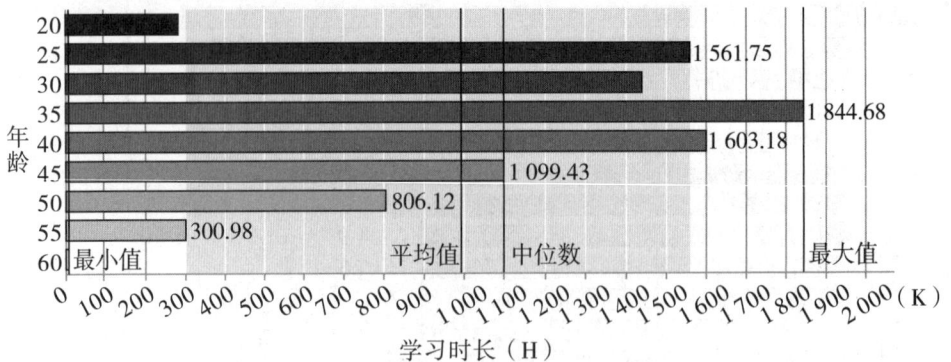

图 3-4　不同年龄段教师的总学习时长分布

（三）平均学习时长

平均学习时长指的是教师参与培训的总学习时长除以教师群体的总人数，将这一指标结合所属市可以对不同市的学习情况进行差异比较，结合各个年龄段可以得到不同年龄群体的学习偏好。

1. 各个市的平均学习时长分布

各个市的平均学习时长指的是教师群体所在城市里的平均学习时长，比较各城市教师的平均学习时长可体现出该城市教师的学习情况。从图 3-5 可以看出，排名前五的城市为汕头市、清远市、潮州市、河源市和梅州市。排名后五的城市为中山市、东莞市、珠海市、惠州市和阳江市。结合前面各个市总学习时长分布来看，平均学习时长的排名与总学习时长的排名相差较大，总学习时长多的城市并不一定说明教师个人学习情况好，部分城市的总学习时长多，但平均学习时长少的原因可能是参与学习的教师人数比较多。此外，潮州市和梅州市虽然总学习时间不长，但是平均学习时长排名很靠前，说明这两所城市的教师的平均学习时长很长，学习积极性比较高。

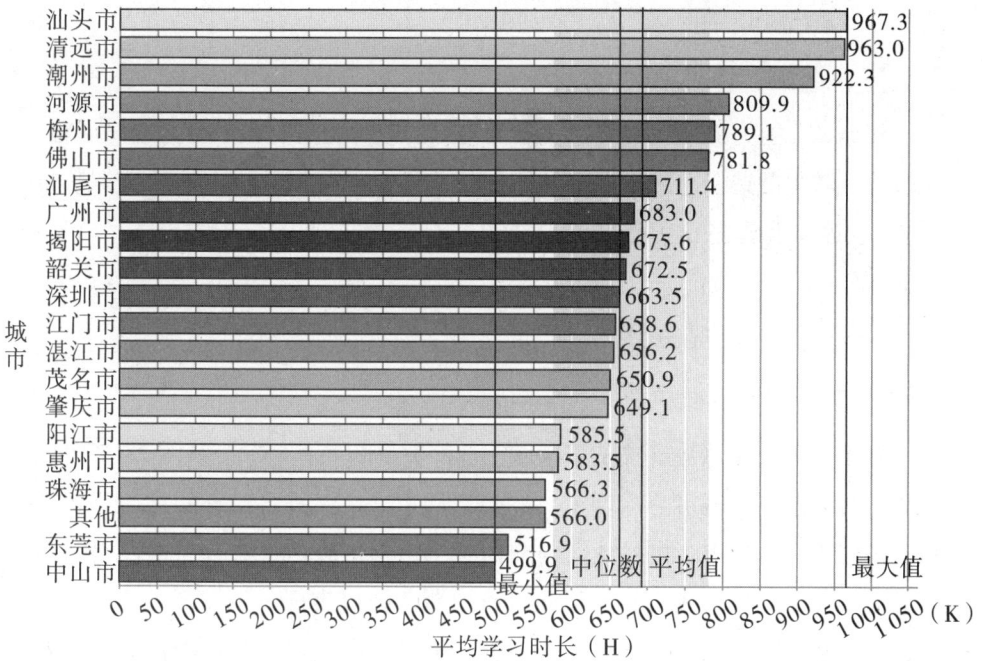

图 3 – 5　各个市的平均学习时长

2. 各个年龄段教师的平均学习时长分布

各个年龄段教师的平均学习时长指的是各个年龄段教师群体的平均学习时长，比较各年龄段教师的平均学习时长可得出不同年龄段的学习差异情况。由图 3 – 6 可知，20 多岁的青年教师平均学习时长最长，随着年龄的增加，教师的学习积极性有所下降，但整体相差不大。结合前面各年龄段教师参培情况可知，虽然 30 多岁和 40 多岁的教师参培人数较多，但各年龄段教师的学习积极性差别并不明显。

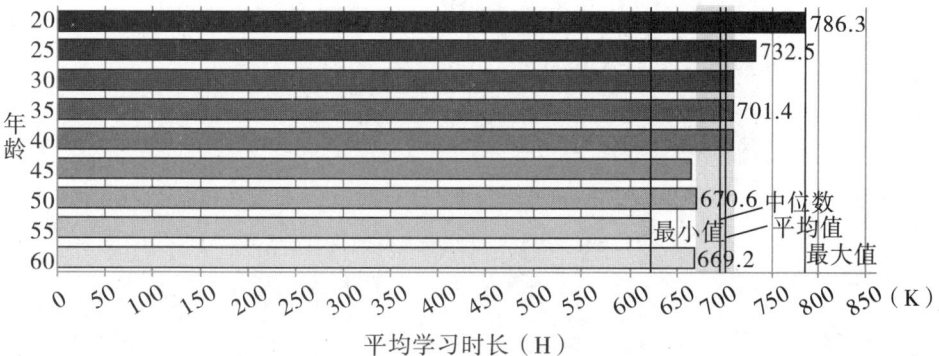

图 3 – 6　各个年龄段的平均学习时长

三、选课、作业及活动情况

根据 2.0 能力提升工程要求，参与培训的教师均需要在平台上选修课程，通过统计教师的选课总数，并结合所属市和年龄段可以分析出地区选课数量的差异和各年龄段的学习偏好。

（一）选课情况总数

1. 各个市的选课总数

各个市的选课总数反映了不同城市选课数量的差异情况。从图 3-7 可以看出，排名前三的城市为深圳市、广州市和东莞市，排名后三的城市为揭阳市、阳江市和珠海市，这一数据与前面各个市参培教师人数分布情况是一致的。由于城市人口基数不同，不同城市选课总数也表现出了差异。此外，从总体选课数情况看，多分布在 3 门～9 门间，这一点与 2.0 能力提升工程要求有关，广东省要求教师应选择不少于 3 个能力点进行研修与考核。

所属市	0	2	3	4	5	6	7	8	9	10	11	12	13	14	15	16	17	18	19	总和
深圳市	4		135	103	82	109	158	116	159	74	46	16	3			1				1,006
广州市	5		104	116	73	146	154	128	114	59	24	11								934
东莞市	2		192	131	99	80	87	59	57	23	11	3								805
佛山市			65	49	74	92	113	107	65	77	58	48	3	1	1			1		754
中山市			228	118	87	128	95	49	26	11	6	1								749
清远市			34	44	30	218	173	117	73	31	14	5	6	1	1		2			749
河源市			47	34	17	72	128	153	143	77	49	17	6							743
肇庆市			57	144	172	144	61	71	45	14	6	2		1						717
湛江市			133	48	67	88	112	72	61	34	32	8				1				656
汕头市	1		114	78	73	65	58	47	73	53	42	8		1						633
潮州市	4		20	28	68	129	120	90	68	38	32	5	1							603
江门市			60	65	47	105	92	95	39	20	16	32	1	1	1					585
茂名市			108	27	15	171	121	58	52	11	3	2	1							574
惠州市	2		59	91	88	111	113	50	33	7	1									558
梅州市	4		23	59	79	110	108	53	23	8										470
韶关市			58	63	67	59	51	40	14	1										413
汕尾市		1	35	50	74	81	55	26	7	1										409
珠海市			38	79	61	62	67	46	19	17	10	3								403
其他			41	60	63	61	39	27	16	3	1									383
阳江市	3		65	49	26	33	34	36	43	14	19	2	1							331
揭阳市	1		126	25	14	30	39	32	24	18	2	2								313
总和	27	1	1 742	1 471	1 376	2 086	2 053	1 523	1 209	656	394	190	36	9	5	5	2	2	1	12 788

图 3-7　各个市的选课总数分布情况

2. 各个年龄段教师的选课总数

各个年龄段教师的选课总数反映了不同年龄段教师的偏好，见图 3 - 8。横向对比选课总体情况可知，大多数教师选修了 3 门～9 门课程，其中选修 6 门～7 门课程的教师数量最多，少数学有余力者选修了 10 门以上；纵向对比得出，各年龄段教师选课数基本呈现均匀分布，这说明不同年龄段教师在选课上的差异偏好并不明显。

选课数	20	25	30	35	40	45	50	55	60	总和
0		3	1	3	6	4	5	4	1	27
2					1					1
3	24	245	239	364	345	283	161	80	1	1 742
4	36	215	251	284	274	210	157	43	1	1 471
5	28	217	235	328	247	169	107	44	1	1 376
6	45	318	345	456	370	263	206	82	1	2 086
7	71	347	321	424	372	231	196	89	2	2 053
8	56	275	256	299	253	187	135	62		1 523
9	45	233	183	240	195	158	115	38	2	1 209
10	25	142	97	117	109	80	62	24		656
11	13	95	57	78	66	37	34	13	1	394
12	17	30	35	26	39	20	21	2		190
13	1	8	7	8	4	4	1	2	1	36
14		2	3	1	2		1			9
15					2	3				5
16		1			1	2	1			5
17		1	1							2
18				2						2
19								1		1
总和	361	2 132	2 031	2 630	2 286	1 651	1 202	484	11	12 788

图 3 - 8　各个年龄段的选课总数分布

（二）作业情况总数

根据 2.0 能力提升工程要求，参与培训的教师需要在平台上完成课程布置的作业，通过统计教师的作业数量，并结合所属市和年龄段可以分析出对应的差异情况。

1. 各个市的作业总数

各个市的作业总数反映了不同城市教师完成作业的情况。由表 3 - 3 可知，约 88% 的教师在完成课程考核的时候是没有配套作业要求的，作业覆盖率排名前三的城市分别为江门市、广州市和深圳市，但均未超过 50%。江门市、广州市、深圳市对小部分课程考核配有 1 个作业的要求。由此可得，平台上大部分课程缺乏配套作业来巩固学习成果，可考虑后期在平台上加入作业这一要求。

表 3 - 3　各个市的作业总数

（单位:%）

所属市	作业总数		
	0	1	2
中山市	87.45	12.55	
肇庆市	99.16	0.84	
汕尾市	100.00		
汕头市	93.21	6.79	
清远市	100.00		
茂名市	100.00		
江门市	55.73	44.27	
佛山市	93.77	5.70	0.53
河源市	85.20	14.80	
湛江市	100.00		
珠海市	95.53	4.47	
惠州市	99.82	0.18	
揭阳市	94.57	5.43	
韶关市	100.00		
东莞市	92.67	7.33	
深圳市	65.90	34.10	
潮州市	89.22	10.78	
梅州市	100.00		
广州市	58.57	41.43	
阳江市	81.57	18.43	
总和	87.83	12.14	0.03

2. 各个年龄段教师的作业总数

将作业总数和不同年龄段结合可得到各个年龄段教师的作业总数情况。从表3-4可知，不同年龄段教师的作业总数差异不明显，作业数量与选修的课程要求有关，说明不同年龄段教师在选修课程时并没有特殊的偏好，选修情况比较一致，因此在作业总数上差异不明显。

表3-4　各个年龄段教师的作业总数

（单位:%）

作业总数	年龄段									
	20	25	30	35	40	45	50	55	60	总和
0	91.97	83.56	88.72	88.67	87.36	87.64	86.19	85.54	90.91	88.04
1	8.03	11.40	11.23	11.33	12.55	12.36	13.81	14.46	9.09	11.93
2		0.05	0.05		0.09					0.03

（三）活动总数

根据2.0能力提升工程要求，参与培训的教师需要在平台上完成课程布置的活动，通过统计平台上的活动数量，并结合所属市和年龄段可以分析出对应的差异情况。

1. 各个市的活动总数

各个市的活动总数反映了不同城市教师参与活动的情况。由图3-9可知，课程基本都配有活动，其中大多数课程会配有1～3个活动，少部分课程的活动在4个以上。从排名看，活动总数排名前三的城市分别为深圳、东莞、佛山，排名后三的城市分别为揭阳、阳江、珠海，不同地市活动数差异较大。

所属市	\<活动总数分段\> 0	1	2	3	4	5	6	7	8	9	10	11	12	13	14	17	总和
其他	2	80	122	78	31	28	19	14	2	2	1				3		383
潮州市	4	15	90	193	113	97	59	24	5			1					603
东莞市	7	215	264	157	78	42	27	9	3			1					805
佛山市	7	42	181	148	151	93	93	18	10	10							754
广州市	19	162	274	259	133	66	15	5	1								934
河源市		25	170	135	132	102	74	46	32	15	1	1	1				743
惠州市	3	64	166	106	97	67	36	16	2	1							558
江门市		60	91	322	35	27	38	5	1	1	2	2	1		1		585
揭阳市	38	103	68	66	29	6	1	2									313
茂名市		60	174	129	87	67	37	13	2	3	2						574
梅州市	4	10	96	84	78	86	69	22	7	10	2	2					470
清远市		16	108	150	131	162	99	55	19	4							749
汕头市	2	135	140	90	85	90	42	40	7	2							633
汕尾市		43	103	78	69	55	40	14	4	2							409
韶关市	2	83	96	89	61	37	22	15	2	1				1			413
深圳市	24	196	247	334	123	68	10	4									1 006
阳江市	8	83	89	67	40	27	12	4	1								331
湛江市	1	178	150	143	71	72	18	11	4	4	1	1	2				656
肇庆市		121	366	82	60	54	19	12	3								717
中山市	78	334	154	70	44	30	19	11	2	6							749
珠海市		43	115	99	55	44	31	9	4	3							403
总和	199	2 068	3 264	2 879	1 696	1 320	780	349	120	73	18	10	6	1	4	1	12 788

图 3-9 各个市的活动总数分布

2. 各个年龄段教师的活动总数

将活动总数和不同年龄段结合，可得到各个年龄段教师的活动总数情况。从图 3-10 可知，不同年龄段教师的活动总数差异不明显，活动数与作业数情况一致，均与选修的课程要求有关，说明不同年龄段教师在选修课程时并没有特殊的偏好，选修情况比较一致，因此在活动总数上差异并不明显。

活动总数分段	\<年龄段\> 20	25	30	35	40	45	50	55	60	总和
0		2	19	16	43	42	36	23	17	1	199
1		25	319	299	444	385	296	208	91	1	2 068
2		81	465	561	691	595	433	328	108	2	3 264
3		105	522	461	575	502	347	242	121	4	2 879
4		48	317	264	326	300	208	176	56	1	1 696
5		44	240	223	259	233	154	111	55	1	1 320
6		36	124	128	166	139	98	63	26		780
7		12	75	44	79	56	47	30	6		349
8		6	26	22	26	17	16	6	1		120
9			14	10	14	11	9	12	2		73
10		2	5	1	4	3	3				18
11				1	2	1		2			10
12					1	2					6
13			1								1
14			1				2		1		4
17						1					1
总和		361	2 132	2 031	2 630	2 286	1 651	1 202	484	11	12 788

图 3-10 各个年龄段教师的活动总数分布

四、课程、作业及活动完成情况

根据 2.0 能力提升工程要求，教师在选修课程之后，需要完成课程学时，通过统计教师课程完成情况，并结合所属市和年龄段可以及时督促教师完成课程学习。

（一）课程完成情况

1. 各个市的课程完成情况

将每位教师的课程完成情况与所属市相结合便可得到各个市的课程完成情况，如图 3 - 11 所示。从图中可得，各个城市的课程完成情况都比较好，完成情况接近 100%。对于少数未完成课程的教师应及时督促其完成学习。

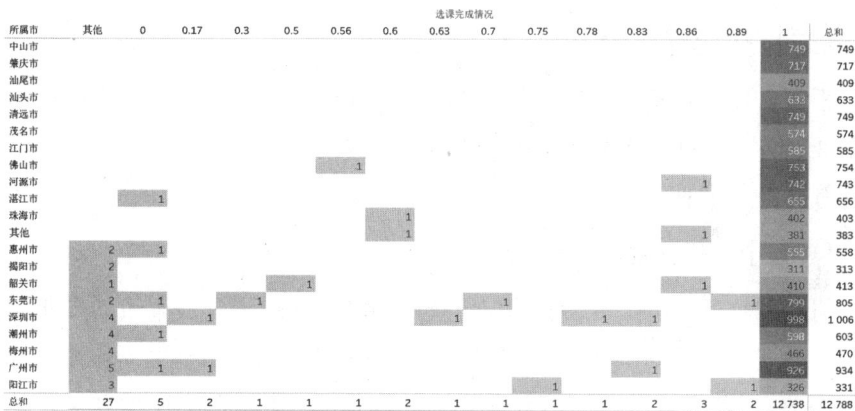

选课完成情况

所属市	其他	0	0.17	0.3	0.5	0.56	0.6	0.63	0.7	0.75	0.78	0.83	0.86	0.89	1	总和
中山市															749	749
肇庆市															717	717
汕尾市															409	409
汕头市															633	633
清远市															749	749
茂名市															574	574
江门市															585	585
佛山市						1									753	754
河源市													1		742	743
湛江市			1												655	656
珠海市							1								402	403
其他							1						1		381	383
惠州市	2	1													555	558
揭阳市															311	313
韶关市	1				1								1		410	413
东莞市	2	1		1											799	805
深圳市	4	1	1				1			1	1				998	1 006
潮州市	4	1													598	603
梅州市	2														466	470
广州市	5		1												926	934
阳江市	3								1						326	331
总和	27	5	2	1	1	1	2	1	1	1	1	2	3	2	12 738	12 788

图 3 - 11　各个市的课程完成情况

2. 各个年龄段教师的课程完成情况

结合教师的课程完成情况和各年龄段可得到各个年龄段教师的课程完成情况，如图 3 - 12 所示。从图中可以看出，各个年龄段教师的课程完成情况都比较好，说明了各年龄段教师对培训的态度差异不大，均对培训持积极的态度。

选课完成情况	年龄段									总和
	20	25	30	35	40	45	50	55	60	
其他		3	1	3	6	5	4	4	1	27
0				1	2	1		1		5
0.17					1		1			2
0.3		1								1
0.5					1					1
0.56						1				1
0.6							1	1		2
0.63							1			1
0.7			1							1
0.75					1					1
0.78				1						1
0.83					1	1				2
0.86		1		1	1					3
0.89		1			1					2
1	361	2 126	2 029	2 624	2 272	1 643	1 195	478	10	12 738
总和	361	2 132	2 031	2 630	2 286	1 651	1 202	484	11	12 788

图 3 – 12　各个年龄段教师的课程完成情况

（二）作业完成情况

根据 2.0 能力提升工程要求，教师在选修课程之后，需要完成课程配套的作业任务，通过统计教师作业完成情况，并结合所属市和年龄段可以及时督促教师完成作业。

1. 各个市的作业完成情况

将每位教师的作业完成情况与所属市相结合便可得到各个市的作业完成情况，如表 3 – 5 所示。从表中可得，大部分课程并未布置作业，作业覆盖率仅 10.82%，各个城市的作业完成情况参差不齐，还存在有极少数未完成作业的教师，应及时督促其完成作业。

表 3－5 各个市的作业完成情况

（单位:%）

所属市	作业完成情况		
	其他	0	1
中山市	87.45	0.93	11.62
肇庆市	99.16	0.28	0.56
汕尾市	100.00		
汕头市	93.21	0.63	6.16
清远市	100.00		
茂名市	100.00		
江门市	55.73	1.03	43.25
佛山市	93.77	2.79	3.45
河源市	85.20	1.35	13.46
湛江市	100.00		
珠海市	95.53	0.25	4.22
惠州市	99.82		0.18
揭阳市	94.57		5.43
韶关市	100.00		
东莞市	92.67	0.99	6.34
深圳市	65.90	3.08	31.01
潮州市	89.22	0.83	9.95
梅州市	100.00		
广州市	58.57	3.85	37.58
阳江市	81.57	3.93	14.50
总和	88.04	1.14	10.82

2. 各个年龄段教师的作业完成情况

将教师的作业完成情况结合各年龄段可得到各个年龄段教师的作业完成情况，如表 3－6 所示。从表中看出，各个年龄段教师的作业完成情况都比较好，作业未完成率随着年龄有所升高，但总体上差异并不明显，说明了各年龄段教师都对作业持积极的态度，对于少数未完成作业的教师应该及时督促。

表 3-6   各个年龄段教师的作业完成情况

（单位:%）

年龄段	作业完成情况		
	其他	0	1
20	91. 97	0. 55	7. 48
25	88. 56	0. 56	10. 88
30	88. 72	0. 54	10. 73
35	88. 67	0. 95	10. 38
40	87. 36	1. 36	11. 29
45	87. 64	1. 57	10. 78
50	86. 19	2. 16	11. 65
55	85. 54	2. 48	11. 98
60	90. 91	9. 09	
总和	88. 04	1. 14	10. 82

（三）活动完成情况

根据 2.0 能力提升工程要求，教师在选修课程之后，需要完成课程的配套活动，通过统计教师活动完成情况，并结合所属市和年龄段可以及时督促教师完成活动。

1. 各个市的活动完成情况

将每位教师的活动完成情况与所属市相结合便可得到各个市的活动完成情况，如表 3-7 所示。从表中可得，各个城市的活动完成情况都比较好，完成情况接近 100%。对于少数未完成活动的教师应及时督促其参与活动。

表3-7 各个市的活动完成情况

(单位:%)

所属市	完成活动数量/活动总数	
	0	1
中山市		100.00
肇庆市		100.00
汕尾市		100.00
汕头市		100.00
清远市		100.00
茂名市		100.00
江门市		100.00
佛山市	2.12	97.88
河源市		100.00
湛江市		99.85
珠海市	0.25	99.75
惠州市	0.18	99.46
揭阳市		99.36
韶关市		99.76
东莞市	0.25	99.50
深圳市	0.10	99.50
潮州市	0.17	99.17
梅州市		99.15
广州市	0.21	99.25
阳江市		99.09
总和	0.19	99.59

2. 各个年龄段教师的活动完成情况

将教师的活动完成情况结合各年龄段可得到各个年龄段教师的活动完成情况,如表3-8所示。从表中看出,各个年龄段教师的活动完成情况都比较好，说明了各年龄段教师都对活动持积极的态度。

表 3 - 8　各个年龄段教师的活动完成情况

（单位:%）

年龄段	完成活动数量/活动总数		
	其他	0	1
20		0.28	99.72
25	0.14	0.09	99.77
30	0.05	0.05	99.90
35	0.15	0.04	99.81
40	0.26	0.35	99.39
45	0.30	0.24	99.45
50	0.33	0.33	99.33
55	0.83	0.62	98.55
60	9.09		90.91
总和	0.22	0.19	99.59

第四章 | 智能教育环境（EPL‑E）|

第一节 智能教育环境的基本概况

2017 年，国务院发布的《新一代人工智能发展规划》指出，人工智能进入新阶段（张新新等，2017）。2018 年教育部发布的《教育信息化 2.0 行动计划》也明确提出了"智慧教育创新发展行动"，在教育信息化 2.0 背景下探索教育规律上的关键突破必将是人工智能在教育中的应用（任友群，2018），尤其是大数据智能、群体智能、人机一体化技术、跨媒体智能、无人系统在个性化教育、感官学习、终身学习等方面的应用（潘云鹤，2018），与以往网络化、信息化发展的教育建设阶段不同，人工智能教育将呈现更加个性化、智能化的智慧教育 2.0 特征（戴永辉等，2018）。然而，当前对智慧教育的讨论大多数还局限在理论层面（肖士英，2015），且根据以往信息化建设的经验，人工智能教育在基础教育、高等教育等领域的普及，必将开展新一轮的高成本投入，同时智慧教育应用所带来的伦理、隐私问题也随之出现，如何兼顾成本效益（郭莉等，2005），经济、节约、高效地解决这个问题，将成为未来人工智能教育发展实现飞跃的关键一步。

根据 EPL 模型，智能教育环境的调查类目关键要素包括：硬件终端因素（B_1）、软件平台因素（B_2）、教学空间因素（B_3）、数据分析因素（B_4）、资源接入因素（B_5）、网络覆盖因素（B_6）。

表 4-1　智能教育环境因素体系

一级因素	二级因素	题目设置	指标来源
第三部分 智能教育环境	硬件终端（B_1）	智能课室（B_1_1）	（1）关于人工智能终端的相关文献，描述为师生配备能满足教与学需要的智能终端，设备终端能够提供的保障，具体的设备种类等 （2）如《信息化环境中的智慧教室的构建》（《现代教育技术》杂志）
		智能硬件（B_1_2）	
		智能设备（B_1_3）	
	软件平台（B_2）	智能教学平台（B_2_1）	（1）关于人工智能教学软件平台的相关文献，描述软件平台的构成以及软件平台所能实现的功能 （2）如《高校智慧教学环境的建设和运行机制思考：以四川大学为例》（《现代教育技术》杂志）
		智能管理平台（B_2_2）	
		校园综合管理平台（B_2_3）	
	教学空间（B_3）	个人空间（B_3_1）	（1）关于人工智能教学空间的相关文献，描述物理空间和虚拟空间，应体现可重构性、智能性和延伸性 （2）如《智慧教室：概念特征、系统模型与建设案例》（《现代教育技术》杂志）；《以智慧教育引领教育信息化创新发展》（《中国教育信息化》杂志）
		课程空间（B_3_2）	
		混合教学空间（B_3_3）	
		泛在教学空间（B_3_4）	
	数据分析（B_4）	记录学情（B_4_1）	（1）关于人工智能数据分析的相关文献，描述数据采集、数据分析、数据呈现的情况，以更好地优化学习以及学习情境，便于后续提供精准决策、个性化服务和优化结果 （2）如《智慧课堂的数据流动机制与生态系统构建》（《中国远程教育》杂志）；《智慧教育环境的适用与搭建》（《教学与管理》杂志）
		反映教学（B_4_2）	
		掌握趋势（B_4_3）	
		发现特征（B_4_4）	
		提供预警（B_4_5）	
		形成报告（B_4_6）	
		发布报告（B_4_7）	

（续上表）

一级因素	二级因素	题目设置	指标来源
第三部分 智能教育环境	资源接入 （B_5）	获取资源（B_5_1）	（1）关于人工智能资源接入的相关文献，按照《教育部教育资源建设技术规范》，应统一标准，实现资源动态调配和按需使用。当前资源表现为来源多样性、接收动态性、地域时效性、安全复杂性
		推送资源（B_5_2）	（2）如《面向智慧教育的物联网模型及其功能实现路径研究》（《电化教育研究》杂志）
	网络覆盖 （B_6）	网络接入（B_6_1）	（1）关于人工智能网络覆盖的相关文献，描述网络能够全方位覆盖校园，满足智能环境建设与应用要求
		网络问题（B_6_2）	（2）如《智能教育体系架构与关键支撑技术》（《中国电化教育》杂志）

在 2021 年 10 月至 2022 年 3 月间的大规模调查中，参与调查的教师，男性占比 39.1%，女性占比 60.9%。数据的 α 系数为 0.977，信度较高；对数据进行适配分析，KMO 值为 0.935，卡方值为 8 412.571，显著性为 0.00，小于 0.05，表明该因素类的数据集样本适配度较高，其累积解释度达到 90.09%，大部分因素的因子负荷量均超过 0.9。本章将对智能教育环境中的各因素进行分析，并根据分析结果开展讨论。

一、硬件终端因素分析

（一）基本概况

基于综述，智能教育环境中的硬件终端因素更多地表现为融入人工智能技术的硬件素养，包括智能课室、智能硬件、智能设备。

（二）因素分析

1. 因素均值与标准偏差

智能课室因素，问题表述为"您学校创建了可供师生开展创新学习的智慧课室"，数据分析结果的平均值为 4.81，标准偏差为 2.017，因子负荷量为 0.764。

智能硬件因素，问题表述为"您的学校为师生配备了较丰富的智能终端（如开源硬件、传感器）"，数据分析结果的平均值为 4.96，标准偏差为 1.953，因子负荷量为 0.803。

智能设备因素，问题表述为"您的学校能让师生体验到丰富的人工智能设备（如智能机器人）"，数据分析结果的平均值为 4.39，标准偏差为 1.980，因子负荷量为 0.835。

2. 因素相关性

根据相关性分析结果，因素之间显著性小于 0.01，相关性显著，具有正相关关系。得到结果如表 4-2 所示。

表 4-2　硬件终端因素相关性分析结果

	B_1_1	B_1_2	B_1_3
B_1_1	1.000		
B_1_2	0.801**	1.000	
B_1_3	0.754**	0.856**	1.000

二、软件平台因素分析

（一）基本概况

基于综述，智能教育环境中的软件平台因素更多地表现为教师利用本校软件平台进行教学、管理的情况，具体包括智能教学平台、智能管理平台、校园综合管理平台。

（二）因素概况

1. 因素均值与标准偏差

智能教学平台因素，问题表述为"您的学校拥有可以支持师生开展创新教学的智慧教学软件、平台"，数据分析结果的平均值为 4.64，标准偏差为 1.915，因子负荷量为 0.836。

智能管理平台因素，问题表述为"您的学校拥有自己的智慧教务管理平台、软件（如智能排课系统）"，数据分析结果的平均值为 4.58，标准偏差为 1.888，因子负荷量为 0.859。

校园综合管理平台因素，问题表述为"您的学校拥有自己的校园综合管理平台、软件（如安全管理系统）"，数据分析结果的平均值为 4.69，标准偏差为 1.876，因子负荷量为 0.866。

2. 因素相关性

根据相关性分析结果，因素之间显著性小于 0.01，相关性显著，具有正相关关系。得到结果如表 4－3 所示。

表 4－3 软件平台因素相关性分析结果

	B_2_1	B_2_2	B_2_3
B_2_1	1.000		
B_2_2	0.814**	1.000	
B_2_3	0.766**	0.851**	1.000

三、教学空间因素分析

（一）基本概况

基于综述，智能教育环境中的教学空间因素更多地表现为教师能够利用网络空间进行教学、管理、混合教学、泛在教学等，包括个人空间、课程空间、混合教学空间、泛在教学空间。

（二）因素概况

1. 因素均值与标准偏差

个人空间因素，问题表述为"您的学校拥有自己的在线教学空间"，数据分析结果的平均值为 4.61，标准偏差为 1.883，因子负荷量为 0.603。

课程空间因素，问题表述为"您的学校拥有支持教师录制在线课程的平台、设备"，数据分析结果的平均值为 4.91，标准偏差为 1.808，因子负荷量为 0.645。

混合教学空间因素，问题表述为"您的学校可以利用在线教学平台进行线上教学和混合式教学"，数据分析结果的平均值为 4.96，标准偏差为 1.751，因子负荷量为 0.537。

泛在教学空间因素，问题表述为"您的学校师生可以在不同的终端访问在线教学平台开展教与学活动"，数据分析结果的平均值为 4.76，标准偏差为 1.815，因子负荷量为 0.530。

2. 因素相关性

根据相关性分析结果，因素之间显著性小于 0.01，相关性显著，具有正相关关系。得到结果如表 4 - 4 所示。

表 4 - 4　教学空间因素相关性分析结果

	B_3_1	B_3_2	B_3_3	B_3_4
B_3_1	1.000			
B_3_2	0.728**	1.000		
B_3_3	0.779**	0.794**	1.000	
B_3_4	0.782**	0.769**	0.872**	1.000

四、数据分析因素分析

（一）基本概况

基于综述，智能教育环境中的数据分析因素更多地表现为教师能够利用平台数据掌握学情、开展教学、分析趋势、发现学生特征等，包括记录学情、反映教学、掌握趋势、发现特征、提供预警、形成报告、发布报告。

（二）因素概况

1. 因素均值与标准偏差

记录学情因素，问题表述为"教学平台记录了您的教学情况（如学生专注度、学生变化趋势等）"，数据分析结果的平均值为 4.47，标准偏差为 1.916，因子负荷量为 0.814。

反映教学因素，问题表述为"学校的教学平台是否可以正确反映教师的课堂教学情况"，数据分析结果的平均值为 4.58，标准偏差为 1.868，因子负荷量为 0.845。

掌握趋势因素，问题表述为"通过教学平台可以掌握学生的学习情况（如学习成绩变化趋势）"，数据分析结果的平均值为 4.69，标准偏差为 1.832，因子负荷量为 0.857。

发现特征因素，问题表述为"学校的教学平台是否可以正确反映学生真实的学习特点和规律"，数据分析结果的平均值为 4.62，标准偏差为 1.835，因子负荷量为 0.861。

提供预警因素，问题表述为"教学平台能够提供学生预警信息（如预测升学困难、学生问题）"，数据分析结果的平均值为 4.53，标准偏差为 1.873，因子负荷量为 0.844。

形成报告因素，问题表述为"学校的教学平台能够定期向您发布每个学生的发展报告"，数据分析结果的平均值为 4.45，标准偏差为 1.899，因子负荷量为 0.844。

发布报告因素，问题表述为"学校的教学平台能够定期向您发布您的课堂教学报告"，数据分析结果的平均值为 4.42，标准偏差为 1.907，因子负荷量为 0.831。

2. 因素相关性

根据相关性分析结果，因素之间显著性小于 0.01，相关性显著，具有正相关关系。得到结果如表 4－5 所示。

表4-5　数据分析因素相关性分析结果

	B_4_1	B_4_2	B_4_3	B_4_4	B_4_5	_4_6	B_4_7
B_4_1	1.000						
B_4_2	0.922**	1.000					
B_4_3	0.869**	0.898**	1.000				
B_4_4	0.874**	0.901**	0.940**	1.000			
B_4_5	0.858**	0.881**	0.899**	0.921**	1.000		
B_4_6	0.864**	0.882**	0.889**	0.919**	0.941**	1.000	
B_4_7	0.858**	0.872**	0.863**	0.886**	0.888**	0.919**	1.000

五、资源接入因素分析

（一）基本概况

基于综述，智能教育环境中的资源接入因素更多地表现为基于平台能够为教师提供教育教学资源的问题，包括获取资源、推送资源。

（二）因素概况

1. 因素均值与标准偏差

获取资源因素，问题表述为"您能够通过教学平台、空间获取丰富的教学资源"，数据分析结果的平均值为4.86，标准偏差为1.796，因子负荷量为0.807。

推送资源因素，问题表述为"学校的教学平台会定期向您推荐个性化的优质教学资源"，数据分析结果的平均值为4.60，标准偏差为1.870，因子负荷量为0.831。

2. 因素相关性

根据相关性分析结果，因素之间显著性小于0.01，相关性显著，具有正相关关系。得到结果如表4-6所示。

表 4-6 资源接入因素相关性分析结果

	B_5_1	B_5_2
B_5_1	1.000	
B_5_2	0.894**	1.000

六、网络覆盖因素分析

（一）基本概况

基于综述，智能教育环境中的网络覆盖因素更多地表现为教师所在学校的网络覆盖情况等，包括网络接入、网络问题。

（二）因素概况

1. 因素均值与标准偏差

网络接入因素，问题表述为"您可以在学校的任何地方上网"，数据分析结果的平均值为 5.28，标准偏差为 1.636，因子负荷量为 0.518。

网络问题因素，问题表述为"在教学过程中，一般不会出现网络问题"，数据分析结果的平均值为 5.03，标准偏差为 1.634，因子负荷量为 0.587。

2. 因素相关性

根据相关性分析结果，因素之间显著性小于 0.01，相关性显著，具有正相关关系。得到结果如表 4-7 所示。

表 4-7 网络覆盖因素相关性分析结果

	B_6_1	B_6_2
B_6_1	1.000	
B_6_2	0.780**	1.000

第二节　分析结果讨论

一、结果分析

（一）研究发现

通过以上因素分析结果可以发现，智能教育环境因素的各类因素均值为4，标准差为 ±1.5。

1. 智能教育环境的软硬件因素

通过整合硬件终端与软件平台可以发现，硬件终端因素中的智能课室、智能硬件得分相对较高，而智能设备得分较低。表明大部分学校能够建设具有智能性功能的课室及硬件基础设施，但是在设备方面相对较落后，这源于大多数学校还处于基础设施发展阶段；而在软件平台方面，智能教学平台、智能管理平台、校园综合管理平台得分相对平均，表明基于教育信息化的发展，当前学校已普遍建设了软件平台，但是在智能性方面，却存在差异。

2. 智能教育环境的教学空间与数据分析因素

通过对教学空间因素进行调查发现，课程空间、混合教学空间得分较高，而个人空间、泛在教学空间得分相对较低，表明教师更多关注智能空间的教学功能，而对空间能够辅助教师个人实现其他功能的关注则相对较少；在数据分析方面，该指标的各项因素得分相对较低，表明教师普遍缺乏利用数据的机会或者缺乏分析数据功能的手段，这一方面源于当前的软硬件平台依然缺乏数据分析的功能，另一方面源于教师还缺乏收集、采集、分析数据的意识。

3. 智能教育环境的资源接入与网络覆盖因素

在资源接入方面，获取资源的得分相对较高，推送资源的得分相对较低，表明当前网络平台拥有为教师提供资源的功能，但是缺乏智能性推送资源的相关功能；在网络覆盖方面，网络接入和网络问题得分都高于其他指标，表明当前中小学校还是能够保证基本的网络畅通。

（二）问题发现

虽然对智能教育环境的因素进行调查发现了其子因素及相关性，但是在实际的观摩、访谈过程中，相关因素均存在一些问题：

首先，"虽有基础，但是拓展性不强"。通过调查发现，智能教育环境中的各因素得分虽然有所不同，但是总体依然处于 5 分以下，表明在绝大多数教师的主观态度中，当前硬件、软件、空间、数据、资源等要素都未能提供拓展性教学功能。

其次，"不能满足多样化的教学需求"。从对基础设施的调查中可以发现，软硬件设施虽然提供了辅助、支持教学的功能，但在"个人空间""反映教学""提供预警"等方面，都未能达到预期需求，表明教学环境的智能性仍需加强。

最后，"教师的应用意识不强"。一方面是当前的技术未能达到智能化，更重要的是使用技术的教师群体未能意识到他们是否需要某种功能，存在认知偏差。教师没有意识到他们需要某种功能来辅助其教学，因此相应的技术也就不急于提供这种功能。因而教师的应用意识也是教学环境未能充分达到智能性的最主要原因。

二、发展策略

针对智能教育环境中存在的问题，提出以下发展策略。

（一）加强教育管理者的技术更新意识

为解决"虽有基础，但是拓展性不强"的问题，关键角色在于教育管理者，教育管理者应该思考当前学校拥有的技术环境能否满足教学需求，或者是否需要更好的技术手段促进教学。因此，应该不断提高教育管理者的信息化领导力，定期进行软件更新、硬件更新，逐步实现功能的迭代发展。

（二）探索多样化教学的技术应用场景

为解决"不能满足多样化的教学需求"的问题，应增加学校现有技术手段的应用场景，针对某一具体的硬件、软件、空间、数据等的功能，在不同学段、不同学科、不同活动的教学中都开展应用，以探索该技术是否适用于某一种教学情境，这样才能研究出技术的最优解决方案。

（三）加强教师应用意识

为解决"教师应用意识不强"的问题，学校可以组织专门性的针对本校现有技术手段的培训活动，聚焦于现有功能，培养教师的应用意识，让教师意识到某种技术手段或者教学工具确实能够帮助他们解决现实教学的难点。当教师感受到技术带来的便利性后，他们自然能够提高应用意识，连带地也提高了他们的应用能力。

第五章 | 智能教育教学应用（EPL – P）|

第一节 智能教育教学应用的基本概况

随着我国社会的快速发展，改革开放的不断推进，人们生活水平的不断提高，人们对教育领域有了更高的要求和期待，教育改革已成必然。作为21世纪三大顶尖技术之一的人工智能，它在教育领域的深入应用有利于促进教育的改革和促使教育公平的普及。人工智能技术推动着各国教育领域系统性的变革，并促进学生学习机制的改变，减轻教师的负担。

根据 EPL 模型，"智能教育教学应用"的调查类目关键要素包括：基于数据分析的学情诊断（C_1）、基于智能反馈的学情分析（C_2）、跨学科学习活动设计（C_3）、创造真实学习情境（C_4）、创新解决问题的方法（C_5）、支持学生创造性学习与表达（C_6）、基于数据的个别化指导（C_7）、应用或创建数据分析模型（C_8）、智慧教学的方法与环境（C_9）、智慧教育背景下教研活动组织或参与（C_10）、智慧教育环境下教学模式创新（C_11）。如表 5 – 1 所示。

表 5 - 1　智能教育教学应用因素体系

一级因素	二级因素	题目设置	指标来源
第四部分 智能教育 教学应用	基于数据分析 的学情诊断 （C_1）	行为记录（C_1_1）	《广东省中小学教师信息化教学能力测评指南》G4 微能力，描述学生学习行为数据获取和分析的方法，全面了解学生的学习情况和身心发展
		了解情况（C_1_2）	
	基于智能反馈 的学情分析 （C_2）	功能应用（C_2_1）	《广东省中小学教师信息化教学能力测评指南》G5 微能力，描述智慧教学环境中师生使用平台、课程资源、功能模块等数据生成智能反馈，帮助教师深入掌握学生的情况
		基于反馈的应用 （C_2_2）	
	跨学科学习活动设计（C_3）		《广东省中小学教师信息化教学能力测评指南》B1 微能力，描述采取合适的信息技术设计跨学科学习活动，培养学生各方面的能力
	创造真实 学习情境 （C_4）	基于资源开展教学 （C_4_1）	《广东省中小学教师信息化教学能力测评指南》B2 微能力，描述利用技术工具创设真实的学习情境，与现实生活紧密联系
		基于工具开展教学 （C_4_2）	
	创新解决 问题的方法 （C_5）	基于平台解决问题 （C_5_1）	《广东省中小学教师信息化教学能力测评指南》B3 微能力，描述利用信息技术为学生问题的解决提供多种途径和方法，培养学生的问题解决能力和问题意识
		提供问题解决功能 （C_5_2）	

（续上表）

一级因素	二级因素	题目设置	指标来源
第四部分智能教育教学应用	支持学生创造性学习与表达（C_6）	学生作品展示（C_6_1）	《广东省中小学教师信息化教学能力测评指南》B4 微能力，描述选取合适的信息技术支持学生的创造性学习、表达、交流以及成果展示，进而培养学生的创造性思维
		学生作品评价（C_6_2）	
	基于数据的个别化指导（C_7）		《广东省中小学教师信息化教学能力测评指南》B5 微能力，描述利用信息技术采集和分析学生各方面的数据
	应用或创建数据分析模型（C_8）		《广东省中小学教师信息化教学能力测评指南》B6 微能力，描述针对教学存在的实际问题，创建数据分析模型，并能掌握模型的应用和评价方法
	智慧教学的方法与环境（C_9）		《广东省中小学教师信息化教学能力测评指南》G6 微能力，描述在智慧教育背景下，合理使用智慧教学设备，从而有目的、有计划地开展教学
	智慧教育背景下教研活动组织或参与（C_10）		《广东省中小学教师信息化教学能力测评指南》G7 微能力，描述在智慧教育背景下，合理利用信息技术开展和参与教研活动
	智慧教育环境下教学模式创新（C_11）		《广东省中小学教师信息化教学能力测评指南》G8 微能力，描述在智慧教育环境下，合理利用智慧教学工具，创新教学模式

本章将对智能教育教学应用中的各因素进行因素分析，并根据分析结果开展讨论，由于该类指标因素绝大多数来源于《广东省中小学教师信息化教学能力测评指南》中的微能力，根据其内涵，将指标大体分为学情类（C_1、C_2）、创新类（C_3、C_4、C_5、C_6）、分析类（C_7、C_8）、智能教学类（C_9、C_{10}、C_{11}）四类进行论述。

一、学情类因素分析

（一）基本概况

该类因素包括两种子因素，即基于数据分析的学情诊断和基于智能反馈的学情分析，前者是依托网络平台开展学情分析的过程，后者则是进一步依托智能化分析、评价技术进行学情分析的过程，具体包括行为记录、了解情况、功能应用、基于反馈的应用。

（二）因素分析

1. 因素均值与标准偏差

行为记录因素，问题表述为"教学平台提供了学生的行为数据（如资源、活动情况等）"，数据分析结果的平均值为4.60，标准偏差为1.868，因子负荷量为0.894。

了解情况因素，问题表述为"教师能够一定程度上通过数据了解学生的学习情况"，数据分析结果的平均值为4.76，标准偏差为1.794，因子负荷量为0.855。

功能应用因素，问题表述为"学校的教学平台能够采集功能应用、资源使用的数据"，数据分析结果的平均值为4.68，标准偏差为1.858，因子负荷量为0.910。

基于反馈的应用因素，问题表述为"学校的教学平台能够智能反馈师生平台情况、资源使用情况"，数据分析结果的平均值为4.65，标准偏差为1.859，因子负荷量为0.914。

2. 因素相关性

根据相关性分析结果，因素之间显著性小于0.01，相关性显著，具有正相关关系。得到结果如表 5 - 2 所示。

表 5 - 2　学情类因素相关性分析结果

	C_1_1	C_1_2	C_2_1	C_2_2
C_1_1	1.000			
C_1_2	0.887**	1.000		
C_2_1	0.923**	0.904**	1.000	
C_2_2	0.915**	0.905**	0.944**	1.000

二、创新类因素分析

（一）基本概况

创新类因素由《广东省中小学教师信息化教学能力测评指南》微能力中的跨学科学习活动设计、创造真实学习情境、创新解决问题的方法、支持学生创造性学习与表达这四项构成，主要指教师能否灵活应用信息技术手段，创新性地设计教学活动、创设情境、解决问题和支持学生表达，具体包括跨学科学习活动设计、基于资源开展教学、基于工具开展教学、基于平台解决问题、提供问题解决功能、学生作品展示、学生作品评价七个子指标。

（二）因素概况

1. 因素均值与标准偏差

跨学科学习活动设计因素，问题表述为"您能够利用教学平台的资源开展学科教学活动"，数据分析结果的平均值为 4.99，标准偏差为 1.713，因子负荷量为 0.787。

基于资源开展教学因素，问题表述为"您能够应用教学平台中的资源开展模拟实验"，数据分析结果的平均值为 4.70，标准偏差为 1.785，因子负荷量为 0.874。

基于工具开展教学因素，问题表述为"您能够利用教学平台中的工具开展学科模拟实验"，数据分析结果的平均值为 4.71，标准偏差为 1.779，因子负荷量为 0.869。

基于平台解决问题因素，问题表述为"学校的教学平台在一定程度上解决了您的教学问题"，数据分析结果的平均值为4.89，标准偏差为1.707，因子负荷量为0.847。

提供问题解决功能因素，问题表述为"学校的教学平台为学生提供了一起解决问题的功能"，数据分析结果的平均值为4.75，标准偏差为1.780，因子负荷量为0.887。

学生作品展示因素，问题表述为"学校的教学平台能够展示学生的个人作品"，数据分析结果的平均值为4.94，标准偏差为1.770，因子负荷量为0.828。

学生作品评价因素，问题表述为"学生的教学平台支持展示学生作品，并允许评论打分"，数据分析结果的平均值为4.72，标准偏差为1.827，因子负荷量为0.883。

2. 因素相关性

根据相关性分析结果，因素之间显著性小于0.01，相关性显著，具有正相关关系。得到结果如表5-3所示。

表5-3　创新类因素相关性分析结果

	C_3	C_4_1	C_4_2	C_5_1	C_5_2	C_6_1	C_6_2
C_3	1.000						
C_4_1	0.855**	1.000					
C_4_2	0.846**	0.967**	1.000				
C_5_1	0.874**	0.869**	0.874**	1.000			
C_5_2	0.813**	0.871**	0.872**	0.880**	1.000		
C_6_1	0.820**	0.820**	0.814**	0.857**	0.877**	1.000	
C_6_2	0.773**	0.856**	0.854**	0.833**	0.883**	0.888**	1.000

三、分析类因素分析

（一）基本概况

分析类因素主要指向两种能力，即教师能否基于数据对学生开展个性化指导，以及能否应用或创建数据分析模型，该类指标都是依托技术的智能化功能对学生开展个性化指导。

（二）因素概况

1.因素均值与标准偏差

基于数据的个别化指导因素，问题表述为"学校能够利用教学平台形成学生的个人数据分析报告"，数据分析结果的平均值为 4.66，标准偏差为 1.853，因子负荷量为 0.899。

应用或创建数据分析模型因素，问题表述为"学校对于学生评价，具有自己的一套评价方法"，数据分析结果的平均值为 4.83，标准偏差为 1.759，因子负荷量为 0.836。

2.因素相关性

根据相关性分析结果，因素之间显著性小于 0.01，相关性显著，具有正相关关系。得到结果如表 5－4 所示。

表 5－4　分析类因素相关性分析结果

	C_7	C_8
C_7	1.000	
C_8	0.840**	1.000

四、智能教学类因素分析

（一）基本概况

智能教学类因素主要指教师能否利用智能化技术开展教学、组织教研活动以及进行教学模式创新，具体包括智慧教学的方法与环境、智慧教育背景下教研活动组织或参与、智慧教育环境下教学模式创新这 3 个子指标。

（二）因素分析

1.因素均值与标准偏差

智慧教学的方法与环境因素，问题表述为"学校为教师提供了基于校园环境的教学指导"，数据分析结果的平均值为 4.82，标准偏差为 1.780，因子负荷量为 0.842。

智慧教育背景下教研活动组织或参与因素，问题表述为"教师能够利用学校教学平台开展线上教研"，数据分析结果的平均值为 4.89，标准偏差为1.748，因子负荷量为 0.832。

智慧教育环境下教学模式创新因素，问题表述为"学校根据教学平台形成了自己学校独有的教学模式"，数据分析结果的平均值为 4.75，标准偏差为 1.820，因子负荷量为 0.882。

2. 因素相关性

根据相关性分析结果，因素之间显著性小于 0.01，相关性显著，具有正相关关系。得到结果如表 5 - 5 所示。

表 5 - 5　智能教学类因素相关性分析结果

	C_9	C_10	C_11
C_9	1.000		
C_10	0.886**	1.000	
C_11	0.910**	0.911**	1.000

第二节　分析结果讨论

一、结果分析

（一）研究发现

通过以上因素分析结果可以发现，智能教育教学应用的各类子因素均值均未超过 5，标准差为 ±1。

1. 智能教育教学应用的学情类因素

该类因素的各子因素之间的均值及标准差相差不大，其中了解情况因素相对较高，但总体处于中等水平，表明被调查者对于应用智能化技术开展学情分析的态度不存在较大差异。

2. 智能教育教学应用的创新类因素

创新类因素指教师能否应用技术进行创新性教学，通过调查发现，该类因素中跨学科学习活动设计、基于平台解决问题、学生作品展示这三项指标得分较高，接近5，而其他指标略低于以上三项指标，这表明教师普遍能够利用相关技术进行跨学科活动设计、问题解决、学生作品展示等活动，而在基于资源、工具开展教学方面表现欠佳。

3. 智能教育教学应用的分析类因素

该类因素主要指教师利用技术对学生进行个性化分析，通过比较发现，教师对应用或创建数据分析模型的认同度比基于数据的个别化指导要高，这表明被调查教师能够完成应用技术的工作，但是跨越技术、开展创新的能力有待加强。

4. 智能教育教学应用的智能教学类因素

智能教学类三个指标总体得分较高，该类指标指教师能够在智慧化的教与学环境中开展教学、教研和模式创新，表明当前教师总体上来说能够较好地沉浸于智慧化环境中，应用相关技术与工具，促进学生发展、辅助教学过程。

（二）问题发现

虽然经过调查，我们发现了智能教育教学应用因素与其子因素之间的相关性，但是在实际的观摩、访谈过程中，以上学情类、创新类、分析类、智能教学类等因素的提升均存在一些问题：

首先，"技术应用亟待由表及里"。在本章节的各指标调查中，都涉及了信息技术的教学应用问题，包括数据的应用、资源的应用、工具的应用等，其应用程度虽然表现较好，如"跨学科学习活动设计""学生作品展示"等指标，但是依然未能深入到学生知识的掌握、能力的提高、素养的提升这一层面。同时，教师依然未能弄清利用智能化技术开展教学的本质意图，因此如何利用技术开展教学亟待深入探究和摸索。

其次，"教学过程亟待推己及人"。通过研究分析类、智能教学类指标可以发现，教师在应用智能技术的教学过程中表现较好，但是当涉及利用技术进行个别化指导、分析学情时，其表现稍差，这表明教师对技术的看法仍然局限在自身，思考的是自身如何与智能技术相处或共融，而未能进一步思考教师在教学中应该如何发挥教学中介的作用。

最后，"智慧教学亟待由内而外"。通过调查发现，智能教学类指标相对得分较高，但是总体指标依然处于 4 分左右的区间，表明教师总体上与智能教学存在疏离感，例如某些指标得分较高，某些指标得分较低，但是这些指标都存在相互交叉，这表明了教师对智能教育教学应用本身还处于略知一二但未能深入的层次，后续应不断提高教师的认知，使得他们对智能教学达到一种由内而外的整体认知。

二、发展策略

针对教师智能教育教学应用存在的"技术应用亟待由表及里、教学过程亟待推己及人、智慧教学亟待由内而外"等问题，以下提出了实现深层化、育人化、整体化地提升教师智能教育教学应用发展的策略。

（一）提高教师技术不仅要学而且要用

为解决"技术应用亟待由表及里"的问题，教师不仅要学习技术，更要应用技术，在技术的应用过程中能够进一步提高其对技术本身优势的认知，从而才能实现技术应用的由表及里。

（二）贯彻简易高效的技术应用原则

为解决"教学过程亟待推己及人"的问题，应贯彻简易高效的技术应用原则。当前某些智能化技术手段操作复杂、流程烦琐，这也直接导致教师没有过多精力去关注技术应用以外的事物。

（三）关注技术的同时也关注技术生产力

为解决"智慧教学亟待由内而外"的问题，在技术应用产生问题的诸多情境中，一部分是源于教师应用技术的问题，但也有相当大的部分是技术、软件本身的问题。某些技术手段在设计的时候就只关注了某一点，而未能从全局出发，这难免导致教师只在技术的范围内关注局部而忽略了整体。因此，应该促进企业关注技术本身，着力提升产品的教育生产力，使得产品真正能促进学生的学习、辅助教师的教学。

第六章 智能教育素养（EPL‑L）

第一节 智能教育素养的基本概况

智能教育素养是新时代教师必备的专业能力。国务院《关于全面深化新时代教师队伍建设改革的意见》指出："教师应主动适应信息化、人工智能等新技术变革，积极有效开展教育教学。"随着大数据、云计算、人工智能在教师教育领域的应用，教师教育正走向精确化、个性化、定制化的智能化发展新阶段（李栋，2020）。在智能技术的教育应用方面，提升教师的智能教育素养是其路径的关键（刘斌，2020）。《关于全面深化新时代教师队伍建设改革的意见》强调，"大力振兴教师教育，不断提升教师专业素质能力"，而智能教育素养是人工智能时代教师的关键素养；国务院《关于印发新一代人工智能发展规划的通知》也指出："智能技术能够加快推动人才培养模式、教学方法改革，构建包含智能学习、交互式学习的新型教育体系。"可见，教师智能教育素养内涵的探究及其因素模型的建构，对于探索人工智能助推教师管理优化、助推教师教育改革、助推教育教学创新等作用重大。当前，随着教师专业化培养的不断深入，各层次的教师培养平台积累了大量的数据，但如何利用大数据技术挖掘现有平台数据（张敏霞，2021）、构建教师智能教育发展模型（朱永海，2019）、服务教师向智能教育素养方向发展（杨琴等，2020）等问题，亟待开展深入的研究。

根据 EPL 模型，"智能教育素养"的调查类目关键要素包括：智能教育知识因素（D_1）、智能教育能力因素（D_2）、智能教育态度及伦理因素（D_3）。

表6-1   智能教育素养因素体系

一级因素	二级因素	题目设置	指标来源
第五部分 智能教育素养	智能教育 知识因素 （D_1）	知识有用性（D_1_1）	（1）素养准备，描述教师应具备人工智能时代的基本知识、教学实践知识以及教育教学领域的人工智能技术知识 （2）如《基于核心素养的学生智能素养构建及其培育》（《当代教育科学》杂志）；《人工智能时代教师的智能教育素养探究》（《现代教育技术》杂志）
		基本原理性（D_1_2）	
		基础技术知识（D_1_3）	
		基本原理知识（D_1_4）	
		基本应用知识（D_1_5）	
		设备用法知识（D_1_6）	
	智能教育 能力因素 （D_2）	问题解决能力（D_2_1）	（1）智能备课能力，描述智能时代的教师应具备的人工智能教育应用方案的设计能力 （2）智能授课能力，智能时代的教师应具备基于人工智能技术开展教学的能力 （3）专业发展能力，教师应具备利用人工智能技术解决专业发展的能力 （4）如《人工智能时代教师的智能教育素养探究》（《现代教育技术》杂志）
		多维问题解决（D_2_2）	
		案例解决（D_2_3）	
		非算法解决（D_2_4）	
		主动应用（D_2_5）	
		融入教学意识（D_2_6）	
		合作管理技能（D_2_7）	
	智能教育态度 及伦理因素 （D_3）	风险性（D_3_1）	（1）意识态度，描述教师应具备对待人工智能及其教育应用的理性看法和观念 （2）伦理规范，描述教师在开展智能教育教学实践过程中应遵循的伦理道德规范 （3）如《人工智能时代教师的智能教育素养探究》（《现代教育技术》杂志）
		教师主体性（D_3_2）	
		学习辅助性（D_3_3）	
		教学辅助性（D_3_4）	
		管理辅助性（D_3_5）	
		法律法规（D_3_6）	
		道德修养（D_3_7）	

本章将对智能教育素养的各因素进行因素分析，并根据分析结果开展讨论。

一、智能教育知识因素分析

（一）基本概况

基于综述，智能教育素养中的智能教育知识因素更多地表现为教师掌握、应用智能教育知识的素养，而人工智能知识更多地表现为 AI 关键技术，包括知识有用性、基本原理性、基础技术知识、基本原理知识、基本应用知识与设备用法知识。

（二）因素分析

1. 因素均值与标准偏差

知识有用性因素，问题表述为"学习人工智能非常有用"，数据分析结果的平均值为 5.66，标准偏差为 1.396，因子负荷量为 0.932。

基本原理性因素，问题表述为"学习人工智能的关键是了解其基本概念、基本原理"，数据分析结果的平均值为 5.44，标准偏差为 1.452，因子负荷量为 0.825。

基础技术知识因素，问题表述为"了解一些人工智能的基础技术是十分必要的（如：Python）"，数据分析结果的平均值为 5.65，标准偏差为 1.375，因子负荷量为 0.936。

基本原理知识因素，问题表述为"了解一些人工智能知识是十分必要的（如：讲授《人工智能初步》的知识内容）"，数据分析结果的平均值为 5.67，标准偏差为 1.358，因子负荷量为 0.943。

基本应用知识因素，问题表述为"了解一些人工智能应用方法是十分必要的（如：语言识别技术纠正英语发音）"，数据分析结果的平均值为 5.66，标准偏差为 1.367，因子负荷量为 0.952。

设备用法知识因素，问题表述为"了解一些人工智能设备用法是十分必要的（如：智能教学平台的应用）"，数据分析结果的平均值为 5.69，标准偏差为 1.345，因子负荷量为 0.956。

2. 因素相关性

根据相关性分析结果，因素之间显著性小于 0.01，相关性显著，具有正相关关系。得到结果如表 6-2 所示。

表 6-2　智能教育知识类因素相关性分析结果

	D_1_1	D_1_2	D_1_3	D_1_4	D_1_5	D_1_6
D_1_1	1.000					
D_1_2	0.811**	1.000				
D_1_3	0.913**	0.811**	1.000			
D_1_4	0.913**	0.805**	0.934**	1.000		
D_1_5	0.909**	0.783**	0.919**	0.934**	1.000	
D_1_6	0.900**	0.775**	0.911**	0.925**	0.953**	1.000

二、智能教育能力因素分析

（一）基本概况

基于综述，智能教育素养中的智能教育能力因素更多地表现为教师利用智能技术，进行智能备课、授课、专业发展的素养，具体包括问题解决能力、多维问题解决、案例解决、非算法解决、主动应用、融入教学意识、合作管理技能。

（二）因素分析

1. 因素均值与标准偏差

问题解决能力因素，问题表述为"通常一种人工智能方法可以解决多种问题"，数据分析结果的平均值为 5.61，标准偏差为 1.370，因子负荷量为 0.955。

多维问题解决因素，问题表述为"对于同一种问题，存在多种人工智能技术可以解决它"，数据分析结果的平均值为 5.64，标准偏差为 1.363，因子负荷量为 0.957。

案例解决因素，问题表述为"案例分析，也是善于运用人工智能的好方法"，数据分析结果的平均值为5.61，标准偏差为1.368，因子负荷量为0.964。

非算法解决因素，问题表述为"不了解算法也可以应用人工智能"，数据分析结果的平均值为5.32，标准偏差为1.481，因子负荷量为0.814。

主动应用因素，问题表述为"教师应该主动应用一些人工智能的技术"，数据分析结果的平均值为5.67，标准偏差为1.343，因子负荷量为0.951。

融入教学意识因素，问题表述为"教师应该将一些人工智能的技术融入自己的教学过程中"，数据分析结果的平均值为5.67，标准偏差为1.339，因子负荷量为0.962。

合作管理技能因素，问题表述为"教师应该合理应用一些人工智能的方法管理学生"，数据分析结果的平均值为5.65，标准偏差为1.353，因子负荷量为0.955。

2. 因素相关性

根据相关性分析结果，因素之间显著性小于0.01，相关性显著，具有正相关关系。得到结果如表6-3所示。

表6-3 智能教育能力类因素相关性分析结果

	D_2_1	D_2_2	D_2_3	D_2_4	D_2_5	D_2_6	D_2_7
D_2_1	1.000						
D_2_2	0.938**	1.000					
D_2_3	0.927**	0.934**	1.000				
D_2_4	0.729**	0.737**	0.755**	1.000			
D_2_5	0.884**	0.881**	0.891**	0.721**	1.000		
D_2_6	0.895**	0.895**	0.904**	0.728**	0.941**	1.000	
D_2_7	0.885**	0.891**	0.908**	0.717**	0.909**	0.943**	1.000

三、智能教育态度及伦理因素分析

(一) 基本概况

基于综述，智能教育素养中的智能教育态度及伦理因素更多地表现为教师认识智能技术带来的风险、伦理、法律等问题，并且能够认识到智能技术对教学、管理的辅助性作用等，包括风险性、教师主体性、学习辅助性、教学辅助性、管理辅助性、法律法规、道德修养。

(二) 因素分析

1. 因素均值与标准偏差

风险性因素，问题表述为"运用人工智能开展教学也有一定风险"，数据分析结果的平均值为 5.38，标准偏差为 1.459，因子负荷量为 0.643。

教师主体性因素，问题表述为"教师是不可能被人工智能所替代的"，数据分析结果的平均值为 5.69，标准偏差为 1.394，因子负荷量为 0.792。

学习辅助性因素，问题表述为"人工智能对学生的学习是有帮助的"，数据分析结果的平均值为 5.69，标准偏差为 1.314，因子负荷量为 0.903。

教学辅助性因素，问题表述为"人工智能对教师的教学是有帮助的"，数据分析结果的平均值为 5.74，标准偏差为 1.342，因子负荷量为 0.940。

管理辅助性因素，问题表述为"人工智能对学校的管理是有帮助的"，数据分析结果的平均值为 5.74，标准偏差为 1.344，因子负荷量为 0.918。

法律法规因素，问题表述为"教师在智能教学环境中应自觉遵守法律法规"，数据分析结果的平均值为 5.86，标准偏差为 1.326，因子负荷量为 0.906。

道德修养因素，问题表述为"教师在智能教学环境中更应提高道德修养"，数据分析结果的平均值为 5.84，标准偏差为 1.331，因子负荷量为 0.913。

2. 因素相关性

根据相关性分析结果，因素之间显著性小于 0.01，相关性显著，具有正相关关系。得到结果如表 6-4 所示。

表6－4 智能教育态度及伦理类因素相关性分析结果

	D_3_1	D_3_2	D_3_3	D_3_4	D_3_5	D_3_6	D_3_7
D_3_1	1.000						
D_3_2	0.722**	1.000					
D_3_3	0.727**	0.822**	1.000				
D_3_4	0.714**	0.828**	0.933**	1.000			
D_3_5	0.714**	0.804**	0.908**	0.959**	1.000		
D_3_6	0.687**	0.815**	0.872**	0.913**	0.903**	1.000	
D_3_7	0.689**	0.800**	0.887**	0.928**	0.905**	0.962**	1.000

第二节 分析结果讨论

一、结果分析

（一）研究发现

通过以上因素分析结果可以发现，智能教育素养因素的各类子因素均值均超过5，标准差为±1。

1. 智能教育知识因素

调查发现，教师应该了解人工智能基本技术知识、基本原理知识、基本应用知识、设备用法知识等，并认识到相关知识的重要性。

2. 智能教育能力因素

调查发现，教师应该具备多维问题解决能力、应用技术融入教学的能力以及合作管理技能等。

3. 智能教育态度及伦理因素

调查发现，教师应该具备了解人工智能融入教育过程中的风险性，具有教师主体性意识，懂得技术的学习辅助性、教学辅助性和管理辅助性作用，以及了解人工智能技术应用的法律法规和应用过程的道德伦理。

（二）问题发现

虽然对教师智能教育素养因素进行调查并发现了其子因素及其相关性，但是在实际的观摩、访谈过程中，在知识因素、能力因素、态度及伦理因素的提升方面均存在一些问题：

首先，"智能教育素养的理论体系不完善"。智能教育素养本身是伴随着人工智能技术应用而被提出的，其理论体系本身还不够完善，因此在提出相关策略时依然缺乏足够的理论支撑。

其次，"智能教育素养的提升效果不理想"。人工智能的应用已从基本的应用层面上升到素养的层面，素养本身是一种超越基本认知和应用的能力范畴，对教师的要求更高。但是在实际教学中，智能教育素养的提升效果不如人意，缺乏切实有效的提升路径。

最后，"素养能力难评估"。我们知道知识的掌握或者能力的应用是可以评价和量化的，但是隐性的知识掌握难以评价与量化，因此，需要更加合理、科学的评价体系来量化智能教育素养的提升程度。

二、发展策略

针对教师智能教育素养存在的"理论体系不完善、提升效果不理想、素养能力难评估"等问题，以下提出了实现规模化、高效化、精准化提升教师智能教育素养发展的策略。

（一）构建素养提升实践理论框架

为解决"理论体系不完善"的问题，针对当前中小学开展人工智能教育的需求以及教师智能教育素养理论落后于实践的现状，系统梳理教师智能教育素养内涵，探索智能教育素养因素间的关系及作用机制，构建教师智能教育素养理论体系，为教师智能教育素养培养与培训提供顶层设计。

（二）探索技术融入素养发展策略

为解决"提升效果不理想"的问题，应将大数据技术引入教师智能教育素养培养与培训中，通过大数据建立贯通"职前＋职后"的教师智能教育素养提升路径，并结合个性化分析探索分层分类的实践策略。

（三）建立数据支撑素养评价体系

为解决"素养能力难评估"的问题，以及发挥大数据优势，应建立教师智能教育素养评价体系，并于在职教师培训和职前师范生培养过程中应用该评价体系，实现精准提升教师智能教育素养的目的。

第七章 | 人工智能助推教师队伍建设策略与趋势

第一节 人工智能助推教师队伍建设政策背景

近年来，学术界围绕智能时代的教师专业发展和人工智能素养提升进行了积极探讨。余胜泉（2018）具体阐述了人工智能教师在未来可能承担的12个角色并提出了人工智能时代教师的核心价值，强调在未来教育中教师将与人工智能教师协同共存。刘邦奇等（2019）认为智能教育要重新认识和定位教师角色，由传统教师向智能型教师转变。冯晓英等（2021）指出，智能时代为教师专业发展提出了新的目标要求，也提供了新的方法手段。顾小清等（2019）认为，智能时代对教师角色提出了新的挑战，并根据人工智能技术发展的三个阶段，指出人工智能为教师专业性工作增能，协同实现个性化的教育、包容的教育、公平的教育与终身的教育，促进人的全面发展。郭炯等（2020）认为社会转型、技术应用和教育发展亟须教师转变角色，以胜任未来教育教学工作。

随着现代科技的快速发展以及教育现代化建设的加速推进，技术与教育的融合不断深入，教育信息化的整体生态正在发生重大变化。其中，智能化已成为教育信息化2.0的核心标志。教育信息化2.0强调大力推进智能教育，加快智能技术在教育领域的创新应用，探索泛在、灵活、智能的教育教学新环境建设与应用模式。智能化已经成为教育现代化的重要特征和基础。

一、国内人工智能发展政策

2017年7月，国务院印发的《新一代人工智能发展规划》将智能教育作为重点发展方向，提出加快智能教育创新发展及应用，构建新型教育体系。这也是首次在国家文件中正式提出智能教育概念。2018 年 4 月，教育部发布的《高等学校人工智能创新行动计划》进一步提出，要加快推进人工智能与教育的深度融合和创新发展。紧接着，教育部出台《教育信息化 2.0 行动计划》，正式启动了教育信息化的转段升级，开启了"智能教育的新征程"，强调大力推进智能教育，加快智能技术在教育领域的创新应用（任友群，2018）。2019 年 2 月，中共中央、国务院印发的《中国教育现代化 2035》提出加快信息时代教育变革，建设智能化校园，统筹建设一体化智能化教学、管理与服务平台，利用现代技术加快推动人才培养模式改革，创新教育服务业态，加快形成现代化的教育管理与监测体系。同时，全国各省也制定了相应的人工智能教育相关政策。

表 7 – 1　我国部分省市的人工智能发展政策

序号	地区	出台时间	人工智能发展政策内容
1	浙江省	2018 年 8 月	实施教师教育创新试验区建设，按照现代教师职业要求重构教师教育课程、创新培养方式、强化教育实践，推进"人工智能 + 教师教育改革"
2	四川省	2018 年 9 月	转变培训方式，改进培训内容，积极探索"人工智能 + 教师培训"，大力推行线上线下混合式研修和跟岗学习，提升培训的针对性、实效性
3	福建省	2018 年 9 月	推进信息技术与教师培训有机融合，探索"人工智能 + 教师教育"，大力推进线上线下相结合的混合式研修
4	湖北省	2018 年 9 月	通过"人工智能 + 教师队伍建设行动"探索人工智能、大数据等新技术服务教师专业发展和教师队伍综合管理的新路径
5	贵州省	2018 年 12 月	加强教师教育创新实验区建设，按照现代教师职业要求构建教师教育课程、创新培养方式、强化教育，推进"人工智能 + 教师教育改革"
6	天津市	2018 年 12 月	加强现代化信息技术、人工智能应用培训，培养一批智能教育引领者，创建一批"人工智能 + 教师队伍建设行动"试验区（校）

二、国外人工智能发展政策

2016 年 10 月，美国白宫科技政策办公室发布了《为人工智能的未来做好准备》，报告提出教育是人工智能的重要应用领域，并指出在各级各类教育中加强人工智能人才培养的迫切性，以应对人工智能的快速发展（闫志明等，2020）。同时，美国联邦政府还出台了《国家人工智能研究和发展战略计划》，认为美国研究型大学在进行人工智能前沿理论研究和尖端技术研发时应将神经网络、计算科学等前沿学科和跨学科人才培养作为人工智能发展的基石。同时明确了联邦政府在资助人工智能基础研究、促进人工智能在多领域综合运用、保证产业升级后合格劳动力数量和来源多样化、促进社会发展公平等方面所承担的重要责任。

2017 年 1 月，法国政府发布的《法国人工智能综合报告》指出，在学科建设方面，需要重视国家级人工智能培训课程开发，强调跨学科平台建设，促进以公私合作为特色的教学方法创新；在人才培养方面，需重点加强计算科学、认知科学、自然语言识别等学科人才的培养。同时，政府也应出台相应政策，支持在线教育，为平台的学习行为分析、个性化课程开发、公民继续学习构建技能评级框架，鼓励终身学习并提供深造机会。这个报告也标志着法国人工智能国家战略的开端。

2016 年 6 月，日本政府发布的《日本振兴战略 2016：面向第 4 次产业革命》，对人工智能教育的基础教育阶段和高等教育阶段均提出了相关的建议。在基础教育阶段，报告指出应将编程教育、科普教育等与人工智能相关的基础课程纳入中小学必修课范围，要求每个学生养成理解、运用信息技术和数据的素养。而在高等教育阶段则将进行大学和国立科研机构改革，扩大工业界和学术界的联合研究活动，同时把人才培养和人才引进作为战略的重要部分。2017 年 3 月，日本发布《人工智能技术战略（草案）（人工智能技术战略会议总结）》。此报告对日本的人工智能教育应用政策进行了更加详细的探讨：在工业化的第一阶段，人才应具备运用计算机通用知识和编程来解决问题的能力；在工业化的第二阶段和第三阶段，随着人工智能技术的广泛应用，人才应具备使用人工智能技术为企业界创造价值的能力。

2017 年 10 月，英国政府发布《在英国发展人工智能产业》，初步规划了初等学校改革政策、高等学校人才培养模式改革以及完善学科发展布局等方面的工作。在人才培养方面，报告指出要积极培养或引进更多人工智能领域的人才，如设立人工智能领域的行业资助型硕士项目、新增博士学位名额等。在课程设置方面，报告明确提出应开发符合学习者需求的人工智能课程，并承认在线人工智能课程学分。而在继续教育方面，则应促进人工智能领域工作人员的多样性。

2019 年 3 月，联合国教科文组织发布《教育中的人工智能：可持续发展的挑战与机遇》，强调关注智能教育的可持续发展。2019 年 5 月，联合国教科文组织在首届国际人工智能与教育大会上发布了《北京共识——人工智能与教育》，建议联合国教科文组织成员及其他利益方根据其法律、公共政策和公共惯例，考虑实施相关行动，以应对人工智能带来的相关教育机遇和挑战。

各国在制定相关政策之后，也采取了相关的行动。其中，美国国防部高级研究计划局的"教育优先（Education Dominance）"项目就是一个应用人工智能提高效率的典型案例。

第二节　人工智能助推教师队伍建设策略

一、区域人工智能教育发展策略

（一）以特色领域促进优势发展

落实对人工智能中小企业和初创企业的财税优惠政策，通过高新技术企业税收优惠和研发费用加计扣除等政策支持人工智能企业发展。完善落实数据开放与保护相关政策，开展公共数据开放利用改革试点，支持公众和企业充分挖掘公共数据的商业价值，促进人工智能应用创新。研究完善适应人工智能的教育政策体系，有效应对人工智能带来的社会问题。

加快建设文献、语音、图像、视频、地图等多种类数据的海量训练资源库和基础资源服务公共平台，建设支撑超大规模深度学习的新型计算集群，建立、完善产业公共服务平台。研究网络安全周期服务，提供云网端一体化、综合性安全服务。进一步推进计算机视觉、智能语音处理、生物特征识别、自然语言理解、智能决策控制以及新型人机交互等关键技术的研发和产业化，为产业智能化升级夯实基础。要在培育发展人工智能新型产业过程中重点打造两个工程，即核心技术研发与产业化工程和基础资源公共服务平台工程。

推动互联网与传统行业融合创新，加快人工智能技术的推广应用，提升重点领域网络安全保障能力，提高生产生活的智能化服务水平。支持在重要领域开展人工智能应用试点示范，推动人工智能的规模化应用，全面提升我国人工智能的集群式创新创业能力。在推进重点领域智能产品创新的过程中，重点打造特色工程。

提升终端产品智能化水平，加快智能终端技术研发及产业化，丰富移动智能终端、可穿戴设备、虚拟现实等产品的服务和形态，提升高端产品供给水平。制订智能硬件产业创新发展专项行动方案，引导智能硬件产业健康有序发展，推动人工智能与机器人技术的深度融合，提升工业机器人、特种机器人、服务机器人等智能机器人的技术与应用水平。

2018 年，教育部发布《教育信息化 2.0 行动计划》，提出"智慧教育创新发展行动"，开展智慧教育创新示范，依据行动计划，创新区域教育发展机制，打造纵横衔接、横向贯通、全方位、多层次、立体化的教育新格局，构建网络化、数字化、智能化、个性化、终身化的教育体系，建立健全教育信息化可持续发展机制，为建设社会主义现代化强国提供人才支撑，为构建智慧社会奠定基础。

依据行动计划部署，2019 年，"智慧教育示范区"开始部署，教育行政部门统筹相关机构，发挥市场机制作用，利用新一代信息技术为学生、教师和家长提供个性化支持与精准化服务，采集并利用参与者群体的状态数据和教育教学过程数据，促进参与者在任意时间、任意地点、任意方式、任意步调进行学习，为区域师生提供高学习体验、高内容适配、高教学效率供给，促进教育公平、提高教育质量。

（二）　以法律规范促进良性发展

2017 年 7 月，中共中央、国务院发布《新一代人工智能发展规划》，是我国面向人工智能发展、打造先发优势的指导性文件，在文件中着重强调了人工智能在法律法规、伦理规范、知识产权和安全监管方面的保障措施。

一方面，制定促进人工智能发展的法律法规和伦理规范。加强对人工智能相关法律、伦理和社会问题的研究，建立保障人工智能健康发展的法律法规和伦理道德框架。开展与人工智能应用相关的民事与刑事责任确认、隐私和产权保护、信息安全利用等法律问题研究，建立追溯和问责制度，明确人工智能法律主体以及相关权利、义务和责任等。重点围绕教育应用、教学辅助、个性化辅导、智能导师、智能评价等细分领域，加快制定相关安全管理法规，为新技术的快速应用奠定法律基础。开展人工智能行为科学和伦理等问题研究，建立伦理道德多层次判断结构以及人机协作的伦理框架。制定人工智能教育产品研发设计人员的道德规范和行为守则，加强对人工智能潜在危害与收益的评估，构建人工智能教学复杂场景下突发事件的解决方案。积极参与人工智能全球治理，加强对教育机器人异化和安全监管等人工智能应用共性问题的研究，深化人工智能法律法规、国际规则等方面的合作，共同应对全球性挑战。

另一方面，应建立人工智能技术标准和知识产权体系。加强人工智能标准框架体系研究，坚持安全性、可用性、互操作性、可追溯性原则，逐步建立并完善人工智能基础共性、互联互通、行业应用、网络安全、隐私保护等技术标准。加快推动服务机器人等细分应用领域的行业标准，鼓励人工智能企业参与或主导制定国家级标准，以技术标准"走出去"带动人工智能产品和服务在海外推广应用。加强人工智能领域的知识产权保护，健全人工智能领域技术创新、专利保护与标准化互动支撑机制，促进人工智能创新成果的保护产权化。建立人工智能公共专利池，促进人工智能新技术的利用与扩散。

（三）以精准培训提升智能素养

大力加强人工智能劳动力培训，加快研究人工智能带来的就业结构、就业方式转变以及新型职业和工作岗位的技能需求，建立适应智能经济和智能社会需要的终身学习与就业培训体系，支持高等院校、职业学校和社会培训机构等开展人工智能的技术、教学与素养培训，大幅提升就业人员的专业技能，满足我国人工智能发展对高技能、高质量就业岗位的需要。鼓励企业和各类机构为员工提供人工智能培训，加强职工再就业培训和指导，确保从事简单重复性工作的人员和因人工智能失业的人员顺利转岗。

智能教育素养是智能时代教师不可或缺的核心素养，也是教师应用人工智能创新教育教学的基础。因此，开展人工智能助推教师队伍建设，首要的是提升教师智能教育素养。提升教师智能教育素养最有效的方法是开展大规模的教师培训。在培训内容上应改变传统培训只关注技术、应用不足的问题，从系统的视角设计融合人工智能教育教学"理念—方法—工具"的培训内容。

首先，是人工智能教育教学理念模块，目的在于帮助教师了解为什么要开展人工智能教育，内容包括：国内外人工智能教育教学的背景（技术发展动态、宏观政策导向、教育转型与升级等）、育人价值（教育公平与均衡、规模化教育与个性化培养、学生高阶思维培养等）及前沿理论（深度学习、机器学习、智慧学习等），建立教师对人工智能教育教学的基本认知，提升教师对人工智能教育教学应用价值的认识，巩固教师的人工智能教育教学理念。

其次，是设计方法模块，目的在于帮助教师掌握如何设计人工智能教育教学方法，主要介绍面向不同学科、学段的人工智能教育教学设计技巧与方法。可结合项目式学习、问题化学习、设计型学习等"以学为中心"的学习模式，将人工智能教育教学设计方法、技巧融入上述学习模式之中，从而更好地支持教师开展面向高阶思维培养的教学，推动人工智能教育教学进课堂。

最后，是技术工具模块，目的在于帮助教师掌握如何开展人工智能教育教学。以应用为导向，介绍常见的、易用的、好用的面向通用学科和具体学科的人工智能平台、工具，以案例形式呈现人工智能教学理念、设计方法与工具的有机融合，推动人工智能教育教学应用落地。

（四） 以融合创新实施智能科普

应支持开展形式多样、融合创新的人工智能科普活动，鼓励广大科技工作者投身人工智能的科普与推广中，全面提高全社会对人工智能的整体认知和应用水平。实施全民智能教育项目，在中小学阶段设置人工智能相关课程，逐步推广编程教育，鼓励社会力量参与寓教于乐的编程教学软件、智能应用开发和推广。建设和完善人工智能科普基础设施，充分发挥各类人工智能创新基地平台等的科普作用，鼓励人工智能企业、科研机构搭建开源平台，面向公众开放人工智能研发平台、生产设施或展馆。支持开展人工智能竞赛，鼓励进行形式多样的人工智能科普创作。鼓励科学家参与人工智能科普。

《新一代人工智能发展规划》提出："到 2030 年人工智能理论、技术与应用总体达到世界领先水平，成为世界主要人工智能创新中心。"在此背景下，建设人工智能科普基础设施，提升全民的人工智能素养，开展形式多样、融合创新的人工智能科普活动，可为人工智能的快速普及与发展提供动力，提高全社会对人工智能的整体认知和应用水平。

近年来，我国高度重视科学素养和创新精神的培养，积极为大众打造人工智能应用平台，营造创新文化的氛围。国内人工智能企业充分发挥领头羊的作用，与高校等科研机构合作，搭建人工智能创新平台。如百度"智慧课堂平台"开设的"AI 教育"栏目，为大众提供了无人驾驶、机器学习、深度学习、智能家居等人工智能不同领域的课程内容（高凯，2019）；科大讯飞打造的"畅言智 AI"教学平台为中小学课堂开展人工智能通识教育提供了基础和保障。部分科技馆、博物馆等社会文化机构也面向公众开放了人工智能体验设施，积极利用优质社会资源，将具有教育意义的人工智能科普展品引入展览中，如福建省图书馆展示的 3D 立体绘画、悬浮迷宫、创客无人机、智能机器人等人工智能产品，为公众提供了体验与试玩区域，提高了公众对人工智能产品的兴趣与关注，使公众感受到科技的独特魅力（廖艳萍等，2019）。

在教育领域，青少年智能教育项目也开展得如火如荼，学校通过讲座、体验活动、工作坊等形式让学生近距离接触人工智能，如北京第二外国语学院附属中学将人工智能的元素和技术引入学校传统的机器人课程以及机器人社团活动中，在机器人设计、编程开发等过程中渗透人工智能知识（方圆媛等，2020）。同时，学校也积极开发人工智能教材，开设人工智能科普校本课程，充分发展人工智能教育：如中国出版集团公司出版的"海洋意识教育"系列教材，通过增强现实技术将 AR 与图书相结合，实现 3D 内容显示和交互，真实再现多种场景，使海洋知识更加形象化、立体化、动态化（姜军，2021）；浙江音乐学院面向艺术院校研究生开设了"音乐与人工智能"科普课程，将乐谱识别、情感感知、自动作曲等技术融入音乐理论内容中，丰富了艺术生对科技领域知识的理解程度，促进了人工智能在音乐艺术领域的应用（陈根方，2019）。

由此可见，在科技迅速发展的背景下，开展形式多样、融合创新的人工智能科普活动势在必行，具体可从以下四个方面开展：

第一，增设中小学人工智能科普课程。学校可借助国内人工智能企业打造的平台开展科普课程，为课程的学习设立学时，或在 STEM 或创客课程中引入人工智能的内容和技术，将编程等知识融入日常教学，提高学生对于人工智能科普课程的认知与应用。同时，学校也可积极研发人工智能校本课程体系，借助出版社修订人工智能教材，为学生提供多样化的选修课程。

第二，提高教师队伍的人工智能应用水平，增加人工智能的培训项目，为教师学习相关内容提供平台。同时，鼓励广大科技工作者投身人工智能的科普与推广中，在中国大学 MOOC、超星平台等优质资源网站上开设科普课程，为一线师生提供学习机会。

第三，支持开展人工智能竞赛，积极宣传青少年机器人竞赛等项目，树立人机协同的理念，鼓励学生独自或合作参加竞赛，提高他们的科学思维与创新精神。校内也可举办小型发明类竞赛，设立"小小发明家"奖项，让学生进行形式多样的智能创造。

第四，建设人工智能科普基础设施，校内可适当摆放人工智能科普展品，面向师生开放人工智能体验设施，陈列相关教材读本。同时，学校也可积极购买穿戴式产品，帮助师生开展体验和实践。

二、管理者人工智能教育发展策略

（一）以开放共享开展顶层设计

推动学校教育教学变革，在数字校园的基础上向智能校园演进，构建技术赋能的教学环境。探索基于人工智能的新教学模式，重构教学流程，并运用人工智能开展教学过程监测、学情分析和学业水平诊断，建立基于大数据的多维度综合性智能评价，精准评估教与学的绩效，实现因材施教，推动学校治理方式变革。支持学校运用人工智能技术变革组织结构和管理体制，优化运行机制和服务模式，实现校园精细化管理、个性化服务，全面提升学校治理水平，推动终身在线学习。鼓励发展以学习为中心的智能化学习平台，提供丰富的个性化学习资源，创新服务供给模式，实现终身教育定制化。

（二）以校企合作促进技术迭代

人工智能时代教师教育面临转型与变革，主要体现在三个方面：第一，教师需求正从数量向结构和质量变化；第二，教师的学习要求正从学历达标向素质提升转变；第三，教师素质正从单一技能向研究型、专家型转变。在此背景下，以终身学习、泛在学习理念和智能移动技术为支撑的教师职后教研模式，如远程同步课堂、手机课堂直播、网络名师工作室、技术支持的教师工作坊等，正逐步推动教师职后研修走向数据化和深度化。在师范生培养方面，面对职前教师实践技能不足的问题，融合高校（University）、政府部门（Government）、中小学（School）的 U－G－S 模式在师范生培养中得到应用（李广，2017）。在产教融合背景下，以智能技术为支撑的教师教育产业学院育人模式逐步走进教育者视野，依托产业学院建设，加强校企协同创新人才培养，提高实践教学质量，提升师范生职业技能和素养，而这一模式正成为解决当前师范生实践技能薄弱的新途径，在高校中获得关注。

既探索先进技术，又融合基础设施。一方面，聚焦人工智能前沿基础性问题，促进人工智能、脑科学、认知科学和心理学等领域深度交叉融合，重点推进大数据智能、跨媒体感知计算、混合增强智能、群体智能、自主协同控制与优化决策、高级机器人、类脑智能计算和量子智能计算等基础理论研究，为人工智能范式变革提供理论支撑，为新一代人工智能重大理论创新打下坚实基础。

（三）以"学用新"三轮革新教学方式

通过运用"学用新"三轮驱动，将人工智能技术深入地融合到教育教学中，即通过学习技术、应用技术与革新技术让教师全面充分认知人工智能技术，掌握技术，将技术真正地融入教学中，有利于提升教师的智能素养，推动教师队伍建设发展。

通过加强技术学习，提升教师对人工智能的概念和技术内涵的理解与掌握。结合教师原本的理论知识，实现有效的知识迁移，构建人工智能时代的教师知识体系。通过实际教学案例，引导教师掌握人工智能技术的基本思路和解决问题的基本方法，并且通过学习，引导教师掌握人工智能技术的基础使用方法，学习理解人工智能技术的内涵特征，并尝试将其融入教育教学过程中，达到技术的识记、理解与基础应用。通过该环节提升教师对人工智能技术的理论知识、方法的具体认知，推动教师智能素养的提升。

通过学习，教师一定程度上掌握了人工智能技术的理论知识与应用方法，将理论和实践相互融合，将人工智能技术应用到教学领域，通过开展真正的人工智能融入式应用，将人工智能技术融入教育和学习的各环节。结合实际情况，结合各学科特色，引导教师应用人工智能技术所提供的资源开展教学，构建基于人工智能技术的教学策略，完善教学评价的模式。深度融合教师的知识基础与技术方法，解决复杂的现实教学问题。通过学习和应用形成良性循环，打破学科壁垒，为解决"用户缺技"与"技术缺用"的双向悖论问题提供有效路径。

经过学习与应用两轮的驱动后，教师已基本具备完善的人工智能技术的知识理论体系与技术应用方法，并且已有将技术进行实践应用的经验，教师智能教育素养已有提升，但为了形成良性的发展体系，我们还需要培养教师的创新意识与能力。既要通过不断学习与应用，实现理论与实践的相互促进，又要用辩证与革新的思维去审视技术，跳出技术的桎梏，超越技术，实现技术在教育领域的创新应用。创造新的教学资源，构建具体领域的人工智能应用方法体系。此外，要引导教师构建人机结合的创新型思维，实现真正的优势互补。

通过学习、应用和革新三轮的驱动，构建完善的体系，将人工智能技术真正融入教育教学中，通过学习技术夯实基础，掌握技术；通过应用实践，丰富教师的教学实践经验；通过革新技术，推动教师的创新意识、创新能力与创新思维的发展。将理论与实践相互结合，"学用新"三轮驱动人工智能技术深度融入教学。加强教师对人工智能技术的教育应用的理解，通过学习与实践，明确教学发展和革新的作用点与着力点，提升教师智能教育素养，推动教师队伍建设。

（四）以融合理念促进教育生产力

完善人工智能领域多主体协同育人机制，深化产学合作协同育人，推广实施人工智能领域产学合作协同育人项目，以产业和技术发展的最新成果推动人才培养改革。支持建立人工智能领域共享型人才培养实践平台，推动教师与行业人才双向交流机制。

在人工智能与教育深度融合的新形势下，发布教育创新战略，设计教育改革发展蓝图，积极探索新模式、开发新产品、推进新技术支持下的教育教学创新已势在必行。智能硬件服务提供商立足硬件优势，逐渐向教育场景渗透，为学校建设类型多样的教学空间，如智能教室、智能图书馆、创客教室、人工智能实验室、智能学科教室和仿真实训室等。智能技术既提供了高效的教学场景，也帮助教师整理资源、备课等，简化了教学工作流程，如科大讯飞、商汤科技、旷视科技等智能技术服务提供商，依托先进的智能技术优势布局各个教学场景，逐步向智能教育服务转变。

为推进智能技术与教育深度融合，在政策红利、资本的助推下，当前几乎所有教育场景都能看到人工智能技术的参与，涌现了一批创新型科技教育应用企业，如爱学习、流利说、猿辅导、作业帮等，基本覆盖教、学、考、评、管等全场景。当下正处于智能技术与教育教学深度融合的智慧集成时代，由智能技术引发的教育教学问题和价值疑虑也由此产生。结合智能教育的总体发展趋势，目前人工智能教育行业尚处于发展早期，各企业推出的智能化教学产品之间存在同质化现象，且在实际的课堂教学应用中存在较大的局限性，缺乏基于智能技术的、完备的、有效的问题解决体系。智能技术虽然拥有远比人类大脑强大的计算能力，但它并不具备直觉、创造、共情等思维和情感特质，无法通过前因后果领会教育现象及解决教育问题（庞茗月等，2021）。虽然在教学中利用技术优势可在一定程度上帮助学生提升学习效果，但我们并不能认为只要应用了智能技术，学习效果或学习质量就一定会有所提高，教育效能并不能成正比转化，反而容易陷入形式化的技术陷阱。

基于此，本书从企业技术开发者的角度探寻深度融合路径：

首先，推动智能技术的集成创新。技术的发展与应用并不是孤立的，而是在一个技术生态中相互依赖、相互赋能、协同演进的。未来在各类行业分工进一步明确，产品研发进一步升级的同时，也应从竞争走向协同创新，打破边界、技术集成，促进智能化教学应用真正落地。

其次，与用户群体加强交流合作。教师作为教学一线的实践者，可以以丰富的经验为技术开发者提供一些专业建议，科研工作者也可以为技术开发者提供理论基础，三者之间形成合力，竭力还原技术情境与现实教学应用场景，挖掘实际功能需求，并对计算分析结果进行合理的教育解释，从而保障用户的主体性，赋予智能教学产品以教育人文价值。

再次，打破学段学科壁垒研发产品。随着智能技术与教育融合的深化，智能教育形态下的教学内容体系将发生显著变化，课程将从分科走向综合，传统的学科壁垒被打破，越来越多的跨学科课程，如 STEM 等被推行，有利于学生综合素质、创新思维和个性特长的培养。

最后，推进全场景服务的综合应用。目前智能教学产品以教学、学习、评价为主要应用场景，尚未形成完整的闭环（刘邦奇等，2021）。随着人工智能技术的不断发展，智能教学产品逐步形成面向全区域、全学科、教学全场景服务的完整闭环，实现全流程数据流通，提供更加精准高效的优质服务，助力学生的全面个性化发展。

三、教师人工智能教育发展策略

（一） 以转变思维增进知识储备

人工智能是目前计算机科学的最新趋势，它的发展和运用为社会、经济和文化等带来深刻变革，不仅改变我们的生活方式，更加影响着人们的思考方式和思想观念。因此，人工智能的应用与研究不仅是科研工作者的任务，也关系着我们每一个人，所以我们需要转变观念，不仅要做智能时代的旁观者，更要做智能时代的参与者。尤其是教育工作者，要利用人工智能技术为教育教学服务，转变思维方式，提高工作能力，提升教学效果。

一方面，主动学习人工智能知识与教学应用知识。普通人很难深刻理解人工智能技术原理，但是我们应该主动了解它的一般原理，尤其是在教育领域中的应用原则与方法，了解其带来的机遇与挑战，接触人工智能的最新产品、最新理念、最新技术，并思考其融入教学的方法。

另一方面，要深化理解、促进应用。人工智能系统具有极强的分析能力、感知能力、认知能力、计算能力和决策能力。我们需要深化对其相关能力与技术的理解，将人工智能观念、知识、产品、方法深度融入教育教学过程中。利用合适的技术解决对应的问题，通过分析问题的多种影响因素，更好地掌握教育教学规则，从而在技术的辅助下进行正确的决策。

（二） 以素养目标提高应用意识

教师教育是一个复杂的系统。从阶段来看，既涉及职前阶段，又涵盖职后阶段，并且二者有机结合构成一个统一整体；从参与对象来看，包括教育部门、大学及科研院所、中小学、企业；从范围来看，涉及区域内的合作、区域外的协同以及区域内外的协同；从研究的角度来看，涉及教师教育理论、实践与技术。因此，推动智能时代的教师教育创新发展，首要的是建立教师教育生态意识，用开放、融合、跨界、数据化的互联网思维重新审视各要素的内涵及关系，运用平台思维推动教师教育顶层设计，应用跨界思维实现多方力量的高度协同，以数据思维为教师教育提供精准支持，融合用户思维真正实现以"学生为中心""素养为基、能力为本"的教学与培训，以此建立智能教师教育发展愿景与行动。

《中国教育现代化2035》提出："要建设智能化校园，加快利用智能化平台推动教育教学变革，推动人才培养模式改革。"研究认为实现人工智能走入教师教育包括三个维度：人工智能教育进学校、进课程和进课堂。从学校层面来看，建设智能化的校园、学习平台，为智慧学习提供环境支撑，这是人工智能融入教师教育的基础；从课程维度来看，祝智庭（2018）提出智能教育包括智能技术支持的教育、学习智能技术的教育和促进智能发展的教育，人工智能时代的教师教育涵盖上述三个方面。因此，将人工智能作为教师教育课程的学习内容，帮助教师掌握人工智能内涵、特点和趋势，以此推动人工智能教育融入课程。从课堂角度来看，应用智能技术支撑教学将是未来需要重点关注的方向，这是人工智能教育真正的主战场。

人工智能时代，教师角色正面临转型与变革。美国《教师标准》提出"设计者（Designer）"将是未来教师的重要角色（Trust T，2017）。《地平线报告（2019年高等教育版）》认为教师教育正逐渐从技术应用的取向转变为设计思维方法的取向，助力教师成为更具创新力的教学设计师（Bryan A et al.，2019）。新时代，教师不仅需要技术整合应用的信息化教学能力，更亟须一种为教学变革而设计的创新设计思维。对此，在职前培养和职后培训中，以智能学习环境为支撑，创新课程内容，将设计思维的理念、方法融入其中，以此培养面向智能时代的创新型人才和创新型教师。

（三）以多快好省促进技术融入

受限于传统教师教育环境，在师范生培养和教师培训中存在学习方式单一、学习数据采集难、学习体验感弱等问题。随着大数据、学习分析、物联网、VR/AR等新兴技术的发展与应用，教师教育环境呈现智能化趋势（杜玉霞，2017）。所谓智慧学习空间是一种感知学习情境、识别学习者特征、提供合适的学习资源与便利的互动工具、自动记录学习过程和评测学习成果，以促进学习者有效学习的空间，体现了情境感知、无缝连接、全过程记录、自然交互、深度参与等特征，能有力支持师范生培养和在职教师培训（景玉慧等，2018）。其中，物联网、红外识别技术能够准确实现学习情境感知，为学习者提供符合所处情境的学习内容，并实现多种学习方式的无缝连接；

大数据、学习分析能全面、深入地收集与分析课堂师生教学行为数据，为教学反思与改进提供精准支持；AI 能实现线上学习智能资源推送、自适应学习诊断、智能学习辅助，极大提升教师在线学习智能化；创建基于 VR／AR 的虚拟教学场景，师范生／在职教师在该虚拟场景中进行技能练习与提升，有助于解决学习、培训时空的问题（Korthagen F et al.，2006）。

教育中，智能技术与工具催生大量优质教育资源，有力支持资源共建共享，扩大了优质教育资源的覆盖范围。学习者无须复杂的设备，使用智能移动终端即可获取智能工具，支持自主与合作学习；应用开放、共享的生态理念，推动市场参与教师教育资源建设，将行业、企业、政府部门纳入资源建设队伍，拓展资源供给渠道，丰富资源种类。在此基础上，借助学习分析技术、智能导师系统对学习进行诊断，推荐针对性的学习路径与资源，实现高度个性化的学习。例如，针对在线学习中学习者学习迷航这一问题，AI 智能教师扮演个性化问题解决的智能导师，应用知识表征和知识图谱技术，为学习者推荐个性化的学习路径和符合认知特点的学习资源（吕恺悦，2019）；再比如，通过对师范生／教师进行精准画像，推荐符合其学习特点和需求的学习资源。借助大数据优势，建立一体化的学习资源库，支持职前职后一体化学习（肖瑶等，2015）。

（四）以人机协同提升智能素养

人工智能技术有助于解决教师教育师资短缺的问题，为教师职业发展提供新平台与工具。借助智能化的工具，可打破学科、专业、行业界限，将行业、企业领域优秀人才引入教师教育领域，专业人员通过远程或"虚拟"的方式走入课堂，引领教师专业成长。在国际上已有研究者进行了探索，例如：Rubio 等（2019）应用智能导师系统以支持学生协作学习。Walkington 等（2019）开发了智能机器人系统，以辅助学生开展个性化的学习。在人机协同育人过程中，人工智能机器可扮演出题和批阅的助教、学习过程数据的采集师与分析师、智能学习伙伴、教育决策助手（胡小勇等，2019），而教师则扮演学习中的导演、教练、设计师等角色，对学习进行决策、指导、设计，承担需要运用人类智慧才能胜任的工作。通过人机优势互补，共同推动教师专业成长。

同时，以人机协同破解教师职前职后发展难题。一般来说，教师职前培养与职后培训相分离是教师教育中亟待解决的问题之一。所谓职前职后一体化，就是解决好职前职后教育的衔接问题。依托智能技术开展教师教育精准测评，有助于推动教师教育职前职后一体化发展。一方面，建立具有连贯性和一致性的职前职后一体化机制，搭建基于云计算和大数据的教师教育云档案系统，将师范生学习特点、课程、成绩、实践项目、学习成果等数据存储于云端，依托大数据实现精准测评，找到知识和技能的薄弱点，制订具有针对性的职后培训方案，实现职前职后无缝紧密衔接。另一方面，在职后发展阶段，建立持续获取和分析教师学习数据的机制，搭建职后培训学习平台，不断完善和丰富职后学习数据，通过大数据分析对教师进行画像，从而精准支撑教师职后培训。基于上述方法打造一条贯通职前职后的教师专业发展之路，推动职前职后一体化，助力教师专业化成长。

第三节　人工智能＋教育的技术趋势

一、类脑技术：以迭代理念促进技术质变

（一）类脑支撑的泛在学习

1. 脑科学与教育神经科学的联系性

类脑科学研究与教育神经科学研究具有密切联系，这源自脑科学知识为学与教的发生、发展机理奠定了坚实的基础，并将心智、脑机理与教育知识联系起来，以支持并促进学生的学习（柯特·费希尔等，2011）。经过近30年的学科发展，脑科学、教育神经科学的研究机构、学术团体、学术刊物不断涌现，以哈佛、斯坦福、剑桥等为代表的世界名校纷纷建立专门的研究机构开展相关研究（周加仙，2004）。1994年，国内学者就开始关注教育神经科学研究。2003年，国际心智、脑与教育学会成立，并创办了专业刊物《脑科学与教育》。教育神经科学的研究发展为脑科学研究提供了科学依据，经过研究发现，学习在不断改变着人类的大脑结构。因此，人类大脑的可塑性成为学习者与机器可塑性的重要基础依据。换言之，基于脑科学的数据驱动研究，可以促进人工智能技术深度融入教育信息化的进程中。

2. 泛在学习对类脑的促进性

伴随着脑科学和教育神经科学的理论探索，泛在学习能够在促进大脑发

展方面另辟蹊径。对于泛在学习的理念，早在 12 世纪，南宋朱熹就已经提出"无一事、无一时、无一处而不学"的泛在学习理念。17 世纪，西方的夸美纽斯在《大教学论》中对泛在学习理念有所著述，"把一切事物教给一切人"的"泛智"和"泛教"理念成为西方近代教育的理想追求（刘革平等，2020）。但由于教学技术和学习方式的限制，朱熹的泛在学习理念一直难以完全实现。同样，夸美纽斯根据学段差异、学校特色打造的涵盖各种学科的"泛教"课程，在近代传统教育体系和学习形态下，也没有达到"泛智"的教育设想。

一些研究已经揭示，在学与教活动中所使用的工具因素对学习者的成绩、心智水平的提高产生影响，使得学习者的外显行为产生变化。因此，泛在学习者的大脑发育和内部结构的形成，受到外部环境因素的影响；大脑的内部功能的形成——心智，则受到泛在学习环境中的教学、文化机构乃至社会因素的影响；大脑支配学习者的外部功能——行为，则受到教学工具或技术因素的影响。泛在学习者个体在随时随地的学习情境下，对文化机构和社会因素进行综合的信息加工，并对存在于智能泛在学习系统中的虚拟体、人类学习者个体间的关系进行理解与推测（Beer S et al.，2006）。哲学、心理学及神经科学等不同学科领域的学者们，对人类社会认知的形成、发展及运作进行了深入的研究，形成心智化社会认知观和具身社会认知观。综合已有的多学科领域的观点，泛在学习活动在文化机构和社会支持下开展社会性互动和知识意义建构，即形成社会认知。

因此，脑科学与教育神经科学的发展，为类脑泛在学习提供了理论支撑（内部支撑）；而 5G、人工智能技术的进步，又为泛在学习提供了物质支撑（外部支撑）。在这种融合性的技术氛围当中，大量的深度学习、跨界深度融合、多主体交互与协同，以及智能主体的自主操作等智能技术支持的泛在学习生态体系，将在未来得到迅速普及和大量应用。泛在计算技术和智能技术，使得"人人、时时、处处"——通过任何技术、任何方式学习任何知识的泛在学习方式，得以有效实现；并且，促使时空、地点、学习形式、途径与技术赋能教育的情境实现有效融合（余胜泉，2007）。

3. 人工智能技术对类脑研究的支撑

随着技术的发展，新兴技术进一步丰富了教育理论，出现了能够支撑、解释、促进大脑认知的相关理论；同时，也出现了依托于技术的类脑系统，所谓的机器智能或"新主体教师"（逯行等，2020），就是类脑在教育技术领域应用的新形态。在普适的计算环境中，学习活动的设计更加符合大脑的认知规律，以满足实现"人人皆学、处处能学、时时可学"的个性化需求，并从"计算智能""感知智能"再到"认知智能"，实现类脑系统的逐步智能化。

从由人脑与类脑构成的社会化互动的视角来看，对人脑以及类脑系统建构的研究，分别使得拟人性系统智能体从两个维度上获得发展，尤其是作为人工智能基础分支的普适计算、情感计算、深度学习等，进一步增强了类脑的计算智能和感知智能特征，使得类脑系统不断向认知智能方向进化，逐步实现类脑智能。例如，2012 年，我国科学家率先开展了旨在解析和模拟脑功能的神经联结通路和网络结构的"MBFC 2012—2020 计划"，即脑功能联结图谱计划（Mapping Brain Functional Connections，MBFC）（张旭等，2016），该计划提出了智能处理器指令集，并在全球首次实现"深度学习"的低功耗神经网络处理芯片，启动 iBrain 大数据云计算平台建设。这些成果，对教育神经网络支撑的类脑研发具有深远影响。2015 年，国内科学家从昆虫、动物形态中挖掘由人工智能技术支撑的类脑机理，将昆虫界定为简化式类脑维度范型，将脊椎动物界定为复杂式类脑维度范型，提出了类脑系统设计的双维度框架。

智能泛在学习的目标是使学习过程中使用的计算设备和技术"消失"在学习者的日常生活和学习任务当中，保证学习者在得到计算服务的同时，不会因觉察到计算机的存在而分心，从而使其注意力回归到要完成的学习任务本身。以 5G、物联网、云计算、区块链、XR、数字孪生以及学习分析技术为代表的新一代智能技术，正在为人们提供更多的智能化学习支持。比如，路易斯撰写的最新研究报告《5G 将如何塑造创新和安全》（*How 5G will Shape Innovation and Security*）认为，5G 技术为人们提供了更加立体化的数字化环境。数智驱动和学习技术的融合，使得基于 5G 技术的教育应用更加"以人为本"和"立体化"，使智能技术支撑下的类脑泛在学习成为可能。

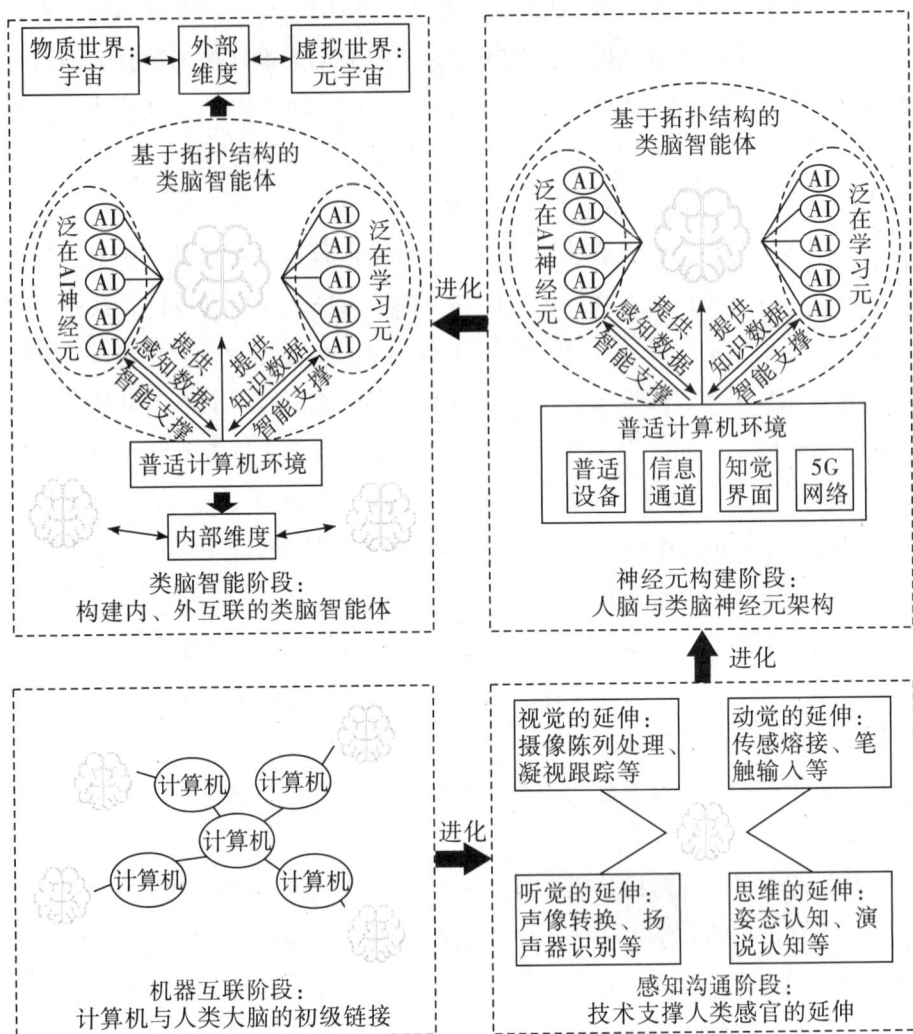

图 7-1　人工智能技术支持的类脑发展过程

（二）类脑泛在学习机理

根据现有文献综述发现，人脑与类脑具有相互融通的影响性，对类脑泛在学习系统的设计应探究其底层类脑泛在学习机理。因此，我们应该从人与技术的关系角度，探究人脑与类脑的互动机理。一般来说，首先应探究人脑的功能特点，其次探究类脑的功能特点，最后探究人脑与类脑联系的功能特点。提出类脑泛在学习机理的三种特性，即人类大脑神经的可塑性、类脑泛在化发展的跃进性、类脑与人脑元素的联结性。

1. 人类大脑神经的可塑性

巴普洛夫于 1927 年提出条件反射神经活动学说。随后，斯金纳在 1938 年提出了基于该学说的操作性条件反射学说，分别从人类的自愿和非自愿行为探索环境的刺激对人类感官的影响进而影响有机体神经的联系性（邓展明，1999）。

一般认为，大脑在结构和功能上均会受到环境的影响，通过外界刺激使得个体的经验发生变化，进而促进认知发展，这种外界刺激认知发展伴随着人类的一生，科学家将这种大脑的学习机理称为"神经的可塑性"。由神经的可塑性可以非常自然地总结归纳出教育的可塑性机理，教育会塑造人脑的神经功能。学习者可以在特定学习环境的支撑下，通过经验的变化激活大脑特定区域（程凯文等，2019），并改变神经网络，使突触联系加强，实现神经元的增多和联结增强。例如，人类在幼年时期更容易发展视觉功能、语言功能，而在青少年时期更容易发展概念学习和逻辑推理等能力，同时，阅读、数学等专门性训练，也可以促进脑结构和脑功能的变化。当前的神经科学研究表明，人类大脑的神经元突触在外界信息的刺激下，其数量会增多、突触联系加强，而较少使用的神经元会随着时间逐步变细进而消失。

2. 类脑泛在化发展的跃进性

神经科学的成果如何应用在泛在学习活动中？我们认为，这就需要从简化模型（Tommerdahl A，2010）的角度勾画出其进阶的方向和框架：即从神经科学的细胞生物学与分子生物学机制探讨学习者大脑细胞水平信息传递机制；然后进阶为以认知心理学与神经科学相结合的科学视野，分析泛在学习者心智（如感知、检索、记忆等）的生物学基础；再进一步进阶为通过研究神经活动认识学习者注意、归纳、记忆、情绪等心理机制形成的原因；之后基于教育理论，探究教学理论与方法对人类大脑神经与类脑神经网络可塑性发展的影响；最后将普适计算技术环境中的学习者教育神经机制融入泛在学习实践中，形成新一代信息技术环境中的泛在教育活动，实现随时随地学习的效果。

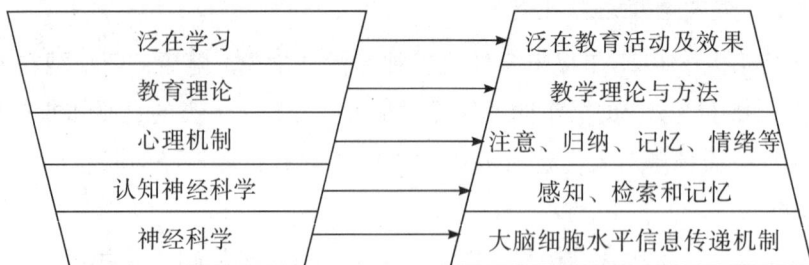

图7-2　类脑泛在化发展的跃进性机理

进入智能化时代，各类新理念、技术、工具与教育深度融合，形成了由 AI 设备及算法构成的泛在神经元，泛在神经元促进了泛在学习的快速发展，这些主要体现在：①泛在学习情境下师资多元化：互联网思维、创新思维、终身学习理念与教育相融合，推动师资来源渠道多元化、师资角色多元化和师资能力提升路径多元化。②泛在学习系统中教育环境智能化：大数据、学习分析能全面、深入分析师生教学行为数据，为教学反思与改进提供精准支持；AI 能实现学习智能资源推送、自适应学习诊断以及在线智能化学习；师范生/在职教师在基于 VR/AR 的虚拟教学场景中进行技能练习与提升，有助于解决学习、培训时空的问题。③泛在学习系统中教育资源多样化："互联网＋"支持优势地区资源共建共享，扩大优质教育资源数量，例如：MOOC、SPOC、一师一优课等资源；支持资源深度优化，满足个性需求。④泛在学习评价一体化：运用互联网、大数据，构建个性化教育教学档案，实现精准的教育评价和评价一体化。

3. 类脑与人脑元素的联结性

20 世纪 60 年代，仿生科学的概念被科学家所提出，它是旨在模拟生物物种结构和功能的学科，其应用领域是在各类工程技术研发工作中创造出具有人类或其他生物功能的仿生材料或机器。类脑机理研究便是在模拟生物功能的仿生科学基础上拓展开来的，从计算机问世以来，人们就一直希望通过计算机模拟人脑功能机制（吴朝晖，2020），而其机理研究是对人脑模拟的本质特征的探究过程。

心智、大脑与泛在化教育的整合研究，旨在探寻泛在化教育的本质中具有的重要意义。在新一代信息技术的支持下，泛在学习者在更加立体化和以人为本的教育环境中，能够更加自然地、动态地进行会话和交流，对所获得的信息进行适应性反应，改变原有认知结构，从而通过神经可塑性实现教育的可塑性（Morton J et al.，1995）。如图 7-3 所示。

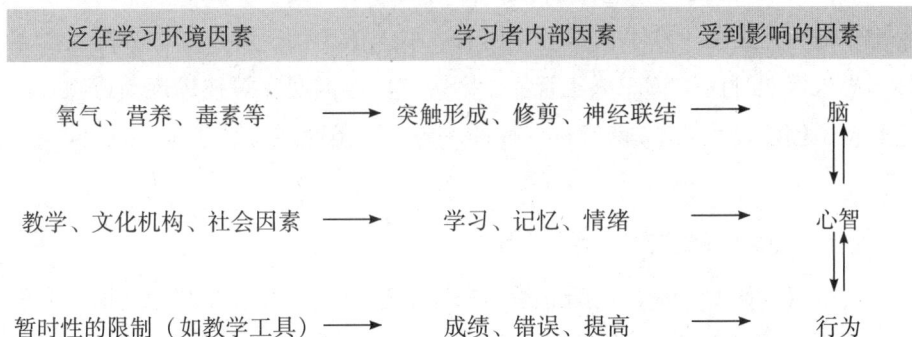

泛在学习环境因素	学习者内部因素	受到影响的因素
氧气、营养、毒素等 ⟶	突触形成、修剪、神经联结 ⟶	脑
教学、文化机构、社会因素 ⟶	学习、记忆、情绪 ⟶	心智
暂时性的限制（如教学工具）⟶	成绩、错误、提高 ⟶	行为

图 7-3　泛在学习环境因素与学习者内部因素交互作用的神经机理

　　例如，研究学习者的泛在学习过程发现，氧气和营养发挥的作用非常明显，麻省理工学院医学中心的实验表明，大脑对氧气非常敏感，心血管堵塞将使得大脑缺氧中风甚至脑死亡。而人体必需的营养素可以直接调节血糖水平，处于正常且稳定的血糖水平将使泛在学习者的大脑维持适当的兴奋度和较高的注意力水平。根据研究者的分析，泛在学习者所处学习环境中的毒素，如大气细颗粒物（简称 PMs）除了对学习者的呼吸、心血管系统等带来损伤，更会产生神经毒性，使得泛在学习者的脑神经组织损伤（张雨竹等，2021）。

　　随着新一代智能技术和脑科学的迅速崛起，互联网大脑这一庞大的智能形态正在逐步形成自然界有史以来前所未有的超级智能体，甚至是"全球脑"，使得类脑与人脑产生了联系。在教育领域，以教育大数据为支撑，教育互联网大脑平台也在以生态进化的形态形成泛在教育神经网络。人类正在互联网大脑的支配下实现万物互联，使得学习者、流程、数据和事物实现融合贯通。下一代智能学习系统必须解决人类学习者与人类学习者、人类学习者与智能虚拟体、智能虚拟体与智能虚拟体之间的社会交互问题。

二、教育元宇宙：促进虚实一体化的教育新形态

元宇宙是人类根据物理世界的样态创造的数字世界。虽然元宇宙的世界是虚拟的，但是基于数字技术所建构的虚拟人依然代表着现实世界的人类本体。进入智能时代，5G、人工智能、区块链、虚拟现实等技术逐渐成熟，已经具备了创建教育元宇宙（Edu‐Metaverse）的条件。

（一）元宇宙的概念与特征

元宇宙（Metaverse）的概念最初来源于1992年科幻作家尼尔·斯蒂芬森的《雪崩》（*Snow Crash*）一书，该书描述了一个与现实世界相平行的虚拟世界样态，该虚拟世界即是元宇宙，在元宇宙中所有虚拟人都能够在现实世界中找到其人类本体（Kal-mikael J et al.，2001）。在元宇宙的英文"Metaverse"中，"Meta"译为"元"，"verse"为"universe"（宇宙）的词根。随着技术的进步，元宇宙的概念从虚幻逐渐变为了现实。学者们对于元宇宙的定义各不相同，未来学家卢克·沙布罗（Luke Shabro）认为，元宇宙是一个模糊的、数字混合的现实，具有不可替代和无限的项目与角色，不受传统物理和限制的约束。罗布乐思（Roblox）公司首席执行官大卫·巴斯祖奇认为，元宇宙是一个将所有人相互关联起来的3D虚拟世界，人们在元宇宙中拥有自己的数字身份，可以在这个世界里尽情互动，并创造任何他们想要的东西（Cathy H，2021）。但大多数人认为元宇宙是一个庞大的虚拟世界，甚至就是我们现实世界的数字化，元宇宙拥有自己的生产活动、交流活动，它将跨越物理世界和虚拟世界，将两者融合在一起，并将在未来向所有人开放（Barry C，2021）。同时，它也是由线上、线下很多平台所组成的一种新的经济、社会和文明系统（喻国明，2021）。简言之，元宇宙就是现实世界与虚拟世界的融合（Haihan D et al.，2021），并以两种空间的相关技术作为支撑（如虚拟现实、区块链），实现虚实世界的联系。

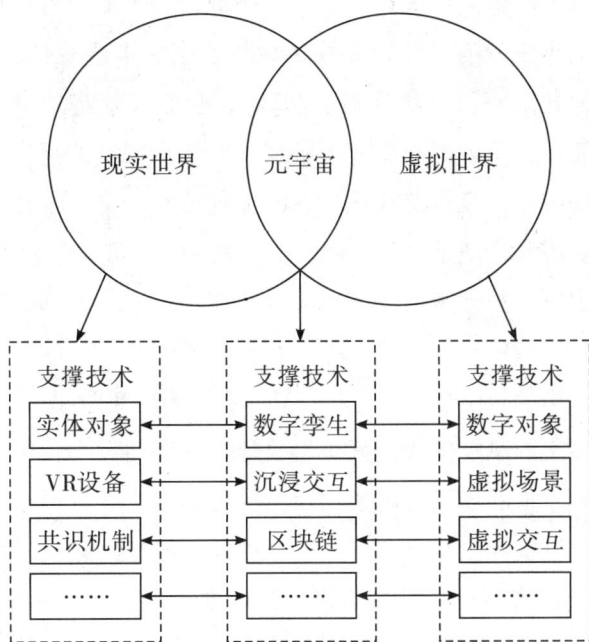

图7-4　元宇宙的形态与支撑技术

　　元宇宙最初的雏形是在由 2D 向 3D 技术转化时代所形成的虚拟网络世界（Nikolaidis I，2007），因此，元宇宙最初的模型带有虚拟世界的特点。Gilbert等（2011）提出虚拟世界的真实沉浸感来自四种技术特征，即视听性（Audio-visual）、交互性（Interactivity）、持久性（Persistent）、沉浸性（Immersive）。具体来说，就是使用者能够在虚拟世界中通过视觉、听觉调动其感知，并且能够与其他用户交互，即使只有一个用户也必须保证虚拟世界的真实运行，最后通过多感知设备的融入，让使用者产生较强的临场感。在不同的媒体表现形式上，已经出现了诸多具有这四类特征的元宇宙雏形（John D et al.，2011），如 Habitat for Commodore 64、OpenSimulator、Minecraft、Roblox 等，在不同层面为元宇宙的建构提供了创新性的尝试。

（二）教育元宇宙

　　基于对元宇宙概念的综述，面向教育的元宇宙内容还不够成熟，但教育领域的相关探索已经具备了构建教育元宇宙的理论与实践条件，有必要探究元宇宙的教育属性，最大限度发挥其对教育的赋能作用。当前，大多数体现元宇宙的技术或产品依然局限在电子娱乐领域，甚至如今可以代表元宇宙形态的成品都与电子游戏有关，但是简单地将元宇宙本身视作一种电子游戏，显然是比较表面化的解读（姜宇辉，2021），会让人忽略元宇宙对教育所能发挥的巨大潜能。元宇宙的深度应用带来了变革契机，即探索教育元宇宙的形式及技术实现方式，克服游戏化平台的种种缺陷，将一种哲学化的数字生存与游戏化的学习紧密地结合在一起，探索教育元宇宙的内涵和实践途径。

教育元宇宙可以被理解为元宇宙的教育应用，它为教师、学生、管理者等相关者创建数字身份，在虚拟世界中开拓正式与非正式的教学场所，并让教师与学生在虚拟的教学场所中进行互动。在教育的哲学角度上思考元宇宙，可以发现其最突出的赋能优势，就是为教师与学生创设一种沉浸式的教学互动场域。教育元宇宙的场域突破了物理世界的局限，通过网络教学空间营造了一个虚拟的教育世界，在物理世界满足教学者与学习者现实教学需求的同时，也在虚拟世界满足虚拟教学需求，两者本质上是相互影响、相互联系、共同发展的，但教育元宇宙的虚拟世界并不是对物理世界的简单复制，也不是另一个物理世界的"平行宇宙"，而是对物理世界的一种再开发，它所具有的媒体赋能特点可以补充物理世界的缺憾，甚至在某些维度超越物理世界的限制，形成一种特殊的教育元宇宙场域，这种超越性就使教育元宇宙发挥出场域效应。

（三）学习元宇宙

进入万物互联的时代，学习必然是一种多维度、具身式甚至智能性的过程，全域感知的交互式学习环境也必将促进学习者高阶思维的发展。聚焦教育领域，元宇宙能够整合多种技术手段，推动学习环境、学习方式、评价方式的改革与创新，基于元宇宙环境的学习，是一种虚实融合的学习，既模仿现实又超越现实，赋予学习方式以新的形态。因此，学习元宇宙（Metaverse for Learning）作为一种新的学习形态，必然伴随着元宇宙的发展而出现。

那么，什么是学习元宇宙？目前还没有相关的研究文献。为此，本书对学习元宇宙的内涵作出以下表述：学习元宇宙，是在元宇宙技术基础上构建起来的学习场景，融合了现实学习空间与虚拟学习空间，并通过区块链技术实现虚实空间的相互映射与交互。在学习主体方面，学习元宇宙实现了以共识机制为技术中介的学习化身映射，学习者的虚拟化身具有高度的主体统一性，能够反映学习者的视觉、听觉、动觉等感官信息，并通过学习元宇宙的沉浸体验进行感官刺激，促进其学习的发生、发展。在学习方式方面，学习者以沉浸式设备感知学习元宇宙的环境信息，实现了虚实融合环境中社交、探究、创造等学习活动的开展。在学习效果方面，借助智能分析技术，能够以智能测评、数据挖掘或情感计算等作为学习效果分析手段，并以学习化身的生理心理分析作为学习者学习效果促进的分析依据。

简言之，学习元宇宙作为元宇宙教育场景的关键组成部分，是在元宇宙虚实融合一体化环境的基础上，面向学习者的多技术融合的沉浸式学习环境。学习元宇宙围绕学习者，关注在元宇宙技术支撑下，学习环境的搭建（人机交互）、学习方式的设计（学习辅助）和学习效果的评价（认知发展）。

（四）学习元宇宙的关键特征

根据上述对学习元宇宙内涵的勾勒，学习元宇宙的关键特征主要体现在以下三方面：

1. 沉浸性：高拟真化环境与强烈的代入感

基于日益发展的游戏编程与引擎技术、3D 显卡显示技术（如光线追踪、即时渲染、面部捕捉等），元宇宙所呈现的场景，比以往虚拟空间更为逼真，更具有活动性、探究性、交互性及沉浸感。伴随着从虚拟现实（VR）向增强现实（AR）、混合现实（MR）乃至扩展现实（XR）的发展，在新技术支持下的学习元宇宙有着日益丰富的内容与高度拟真化，促进了虚拟世界与现实世界的弥合，缩小了学习信息与学习体验之间的壁垒（褚乐阳等，2019）。换言之，学习元宇宙的体验也能够像扩展现实学习一般，甚至在某些维度超越其体验感，营造一种"境身合一"的沉浸式体验，为学习者主动投入学习、提升认知、培养移情与关联能力等提供了可能（徐铷忆等，2021）。学习元宇宙所营造、呈现的沉浸式探究环境，极大地刺激了学习者的感官体验，为学习者投入学习提供了较强的代入感，这是以往学习环境或空间无法比拟的。

2. 化身性：以数字身份或化身参与学习

学习元宇宙赋能的学习是一种特别的、另类的学习方式。与以往现实学习方式的最大不同在于，学习者的身份与学习过程可以"分离"，即在元宇宙的学习环境中，学习者可以把自己分割成为"虚拟化身"，通过拥有自己的虚拟化身——数字身份参与学习活动，而且这种虚拟化身能够在学习元宇宙中展开各种学习活动，包括自身化身以及与其他学习者化身之间的交互。虚拟化身的学习即真实学习者的学习，虚拟化身的体验影响真人的认知，真人的认知影响虚拟化身的行为，并产生较强的临场感与收获感。一方面，以头盔、可穿戴设备等赋予学习者视觉、听觉、触觉的模拟，让学习者产生较强的感官刺激，有助于提高其学习过程的互动与交流质量（刘革平等，2021）等。另一方面，通过学习元宇宙中的各种虚拟体验、活动模拟、任务探索、信息交流、虚拟学校等方式，学习者能产生愉悦感。

3. 特殊性：需应用心电、脑电等技术进行测评

学习元宇宙的沉浸性特征，使得基于学习元宇宙环境中的学习方式是特别的，其学习结果与表现形式也是多种多样的。另外，由于学习者在元宇宙场景中具有化身性，虚拟化身能够表征出其学习状态，对其主体与虚拟化身的分析也值得探究。由复杂的环境因素与学习者因素决定的学习元宇宙的学习效果也是比较特殊的，原有现实学习中的评价方式已很难精确、有效地进行评价，需要利用多元的检测手段和涉及生物特征信号的新技术。基于心电（ECG）、脑电（EEG）、光学近红外成像（fNIRS）等生理信号的学习行为分析，是当前教育评价、教育神经科学与心理分析交叉融合的成果。生理信号可以解释认知变化，进行情绪识别，而且生理信号在反映有机体状况方面更加客观、真实。通过检测设备采集生物数据，可以将各种教育自变量因素与学习者在元宇宙中的学习活动相联系，进一步开展科学的教育分析与评价。体现了学习元宇宙环境的特殊性，以及人类本身生理心理变化的特殊性。

三、心理生理监测：人机协同进化的关键一步

教育评价是检测教育发展质量的重要手段，尤其是大数据、传感器、人工智能等技术的出现，可以获得更加多维的多模态数据，甚至进化为教育厚数据（徐涛等，2019）。对教育厚数据进行深度挖掘、分析，开展主体画像、数据统整、教育诊断和学情干预，能够进一步发现教育规律、提高教学绩效、促进教育公平。2020 年，中共中央、国务院印发《深化新时代教育评价改革总体方案》指出："提升教育教学水平，加强监测结果运用，促进义务教育优质均衡发展"，强调了教育评价应更加注重实效与促进教育优质均衡发展。对学生的全面评价，有利于教师对学情的掌握，也有利于学生的个性化发展

与关键能力的培养。然而，教育评价过程依然缺乏更加科学的证据证明学习者情绪的变化和学习者行为的改变（Terry D et al.，2016），教学改进与学生发展的衔接需要更加客观的评价工具，对教育评价的争论焦点是量化研究结果是否能够客观、科学地反映真实水平。

人类是情感动物，已有研究表明人类认知的发展依赖于情绪信息的积累（张奇勇等，2013），而情绪又对高级认知具有反向抑制（张奇勇等，2019）。该研究以心理生理学（Psychophysiology）的视角审视教育评价问题，并融入VR教学过程与智能分析技术。心理生理学是一门新兴学科，大多数心理生理学以行为或心理变化为自变量，以生理变量为因变量（杨立能，1984），探究行为变化对生理的影响。而与之相对应的概念生理心理学（Physiological Psychology），其自变量和因变量恰好相反。通过心理生理分析，可以研究不同的心理状态下，生理信号与情绪的变化机制，进而提出有效的教学实施路径。因此，数据驱动的心理生理分析，可以进一步促进学习者心理、生理、行为、情绪的探究，能够以新的视角研究学习者的认知变化，同时为人工智能技术融入学习者分析提供借鉴。

（一）心理生理的分析方法

对于测量被试的情绪或行为状态，多模态数据融合模型提供了一个分析视角，该模型认为多模态的数据采集来源于行为参数（Behavioral Data）、心理参数（Psychological Data）、生理参数（Physiological Data）（Sherry B et al.，2001）。如果按照层次划分，生理参数、心理参数是进一步解释行为参数的依据，即给予条件性刺激而引起的心理应激反应（严进等，1997）。其中，心理参数是根据有机体的性质和关系来描述行为，生理参数则是根据有机体的内部元素来描述行为（Shvyrkov B，1982）。因此，可以综合心理参数、生理参数开展心理生理分析（Psychophysiological Analysis）。心理生理分析主要挖掘人的各种心理生理信号，包括视觉信号、听觉信号、生理信号。与视觉信号、听觉信号相比较，生理信号更具连续性、真实性、客观性（张素华，2019）。基于生理信号的多模态学习分析，可以关注真实的学习情境（汪维富等，2021）。

生理信号由于数据分析的目标不同，具有多种类型的采集设备与分析方法。面向被试与地理位置关系的，有基于传感器的地理位置数据分析；面向被试生理状况的，有基于脉搏信号、心电信号、呼吸信号等数据分析；面向被试的刺激素材研究的，有基于传感技术的眼动、脑电、心电数据分析；面向被试学习行为的，有基于学习检测设备的行为、认知、注意力数据分析。进入 21 世纪，加速度传感器、气压计、红外摄像头、热敏麦克风、近场通信、全球定位系统、脑机接口等设备也逐渐被引入心理生理分析过程中。

在分析方法上，有直接分析和间接分析。直接分析是直接对生理信号进行数据统计分析，以发现有机体的生理规律，例如，Armad 等（2006）针对时域中生物信号，基于 VBScripit 实现心理生理分析的模块化程序 PSPHA，以分析心理生理实验数据，实现交互性、灵活性的心理生理分析过程；间接分析是对收集的生理信号进行算法处理，通过发现数据特征判断有机体的生理状况，例如，Munoz 等（2015）使用 R 峰值信息从原始 ECG 信号中提取了 5 个重要参数，即平均心率、SDNN 数据、RMSSD 数据、HRVI 和最大摄氧量，用以分析心肺的健康程度。该研究对 R 峰值、平均心率的高效利用，为基于 ECG 的教育情绪分析提供了重要的启示。

（二）基于心理生理分析的情绪表征

针对教育领域，心理生理分析最初用于分析学生的焦虑情绪。基于丰富的焦虑情绪研究成果，对学习过程的心理生理分析也成为一种新的研究趋势。目前，公认的生理信号情绪分析采用的是离散情绪模型和维度情绪模型。离散情绪模型是由 Ekman 在 20 世纪 70 年代研究生理信号过程中总结提出的六种基本的情绪（Ortony A et al.，1990）：高兴、惊奇、悲伤、厌恶、愤怒、恐惧。维度情绪模型包括二维、三维和高维情绪模型。二维情绪模型是 Russell（1980）基于认知理论提出的 V‒A 模型，包含唤醒（Arousal）和效价（Valence）两个维度，该模型认为情绪具有二维属性，而每个属性又具有两极性，其中唤醒维度有两个极端状态，即高唤醒水平（如恐惧）和低唤醒水平（如平静）。效价维度则包含正向情绪（如高兴）和负向情绪（如悲伤）。综合来看，情绪模型的六种类型及其二维性为情绪分析提供了重要的参考依据，同时也是心理生理分析的重要评判指标。

将分析技术与学习者情绪分析维度相结合，其研究主题比较集中于学习者的情绪维度分析、多模态数据分析、情感计算、认知神经机制研究、情绪神经科学与脑科学研究等。随着技术的进步与跨学科融合研究的增多，分析技术与情绪分析实现了相互促进和共同发展。一方面，技术的进步为情绪分析提供了新的观测角度，例如，由于传感器的规模布置，促使基于物理学习空间与虚拟学习空间采集数据的做法成为可能（刘智等，2019），也有研究者通过开发多传感器智能导师系统，识别出了被试的沮丧、动力、自信、厌倦和疲乏五种情感变量，进而纠正了情感偏差对认知的影响（Mello S et al.，2007）。另一方面，多模态数据的综合应用，使得不同的情绪表征可以进一步解释学习行为，例如，任巧悦等（2019）基于量表、行为范式和生理信号研究共情机制，即情绪共情和认知共情的形成维度与互动关系。也有研究提取出源自 ECG 数据的 EDA 和 HRV 信号，用以区分高兴、满足、愤怒以及厌恶四种情绪（Yuu H et al.，2017），这种方法不仅可以测量生理上的压力和心率变化，也能通过生理信号分析推导出学习者的行为状态。

（三）情绪与学习者认知的关联性研究

情绪与认知最开始并不被认为有任何关联，两者是二元对立的，如同物质与精神、身体与心灵，这主要受到西方身心二元论哲学的影响（张静静，2015）；20 世纪 60 年代，随着认知心理学的崛起，许多心理学家开始关注情绪在认知中的作用（许远理等，2004）；至 20 世纪 80 年代，情绪与认知关联性的争论开始发端，一方认为情绪与认知是相互独立的（Zajonc B，1980），而另一方认为情绪是构成认知的基础（Lazarus S，1982），这些争论都是基于理论层面，缺乏可信的证据；进入 21 世纪，随着先进检测手段的出现，一些研究者开始应用科学的方法（如脑电、脑磁、磁共振成像），验证了情绪对认知的作用（Jeremy G et al.，2002；Rebecca R et al.，2012；Masataka W 2016），越来越多的心理学研究证据证实了情绪与认知的关联性。

在教育领域，对情绪与认知关系的研究也由来已久。最初主要集中于研究学习过程的焦虑情绪（Loderer K et al.，2020），并且形成了分析学习焦虑的有关理论与方法。目前，情绪作为认知的来源，被认为是影响人类学习过程中认知和行为的关键的非智力因素（Immordino-yang H et al.，2010），可以促进学习者知识素养的提升。进一步，有研究者将影响认知的情绪分为低级情绪信息和高级情绪信息，诉诸感官影响的信息可归类为低级情绪信息，诉诸认知影响的信息可归类为高级情绪信息（张奇勇等，2013）。在学习过程中，情绪成为学习者重要的内隐式学习特征，学习者的正向情绪的缺失会导致学习动机的下降，而学习者的认知更是来源于低级情绪信息与高级情绪信息的获得。

在媒体或技术的支撑下，张琪（2016）提出多媒体支撑下的认知情感理论（CATLM），该理论认为多媒体的素材选择会影响学习者的情绪波动，同时也会影响学习者的认知、态度和动机。依托智能学习分析技术，研究者不仅可以通过多模态数据（脑电、皮肤电、肌电、心率、血氧等）分析学习者情感（周进等，2021），更能够利用情感识别系统、增强智能学习工具等，探索学习情感的作用机制，干预与调节学习者的学习过程。

（四）智能分析技术与情感计算

智能技术开展情绪分析的方法是通过情绪数据采集、分析、预测的过程完成的。一般认为人工智能的发展分为计算智能、感知智能和认知智能三个阶段（祝智庭等，2018），如按三个阶段探究情绪分析技术的应用方法，可以发现各个阶段的情绪分析有其特定的研究目标。

计算智能的主要特点是具有快速计算能力和存储能力，基于文本、个人信息大数据，可对学习者的情绪进行识别与分类，进而为教师提供有借鉴价值的反馈，例如，OCC 模型就是一种基于大数据自然语言处理的文本情绪分析方法，通过文本、对话等教育痕迹的分析，可以定义 4 类、22 种情绪类型（徐源音等，2020）。

感知智能的主要特点是赋予智能识别设备或系统以视觉、听觉、触觉的感知能力，这种感知能力能够实时反馈情绪分析结果，辅助教师动态化地调整教学策略，优化教学效果。例如，唐智川等（2020）结合脑电信号与图像内容，提出了一种多模态信息融合的图像情感标注方法，提高了图像识别与情感分析的关联性。

认知智能的特点是在计算智能和感知智能的基础上，使人工智能系统具有基本的思维能力，能提出个性化指导建议，帮助学习者提高学习能力（Timms J，2016）。例如，有研究者利用 Kinect VR 设备监测课堂上学生的面部与身体的 3D 数据表征，并采用机器学习方法对特征数据集进行训练分类，进而分析学生的学习过程、预测学生的注意力水平（Zaletelj J，2017）。

四、原子经济性：构建智能系统的简易路径

（一）原子经济性

原子经济性或原子经济原则（Atom Economy），是由美国化学家 B. M. Trost 于 1991 年提出的概念，它最初提出的宗旨是使这一原则能够有效评估化学反应的效率。理想的原子经济性反应是所有的反应物转化成最终产物，没有任何浪费或副产物产出，达到原子经济性 100% 的效率（王晓慧，2006）。当今，原子经济性的概念为评估现代社会经济发展各个领域的成本效率提供了一个新的视角。模式的制定、政策的实施、状况的评估是否节约有效，可以利用原子经济性进行具体评估。

原子经济性的计算公式为：原子经济性＝目标产物总量/所有产物总量×100%，其中，原子经济性的高低是由目标产物的多少决定的，当目标产物等于所有产物总量，而副产物接近于零时，则代表这一过程具有极高的原子经济性，其中副产物代表生产过程中那些无效的或浪费掉的产物（王晓慧，2008）。提高原子经济性可以从两个方面入手，一是提高目标产物总量，在教育领域中表现为直接提高教育产出的效率、效果；二是降低副产物总量，在教育领域中表现为避免资源的闲置与浪费，充分利用所有的设施、环境、设备、资源等。

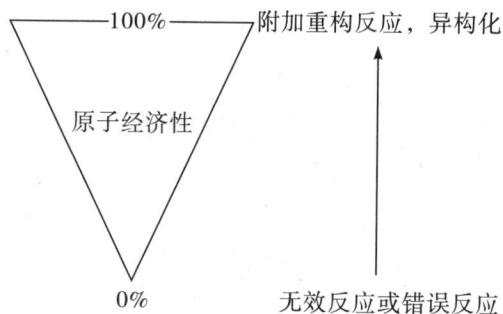

图 7－5　原子经济性从无效反应到有效反应

（二）人工智能教育发展困境

人工智能在教育中的应用，对基础教育来说普遍体现在智慧校园建设方面，在教育信息化 2.0 背景下体现在智能教育 2.0 概念的提出，具体在应用

层面可以引申出数据挖掘、知识表现、图像识别、机器学习、情感计算等多个细分领域（茹丽娜等，2019）。但是不管人工智能教育的应用如何开展，当前的实施基础还是基于 1.0 时代的设施进行部分小规模的应用，我国教育信息化发展从"建设""应用"阶段向"融合""创新"阶段发展。在 1.0 时代的信息化基础建设过程中开展大规模的投入，取得了突出成效，但是建设过程中是否兼顾原子经济性却少有研究提出。到了智能教育 2.0 时代，人工智能技术或产品的大规模应用将开启新一轮的高成本投入，然而在智能教育发展中却存在几个突出问题：

首先是成本问题。1.0 时代所开展的信息化建设主要围绕着教育教学与管理的硬件、软件和基础设施进行建设，例如电脑、平板、电子白板、无线网络覆盖或信息化教室等，智慧教育的关键技术是云计算、物联网、大数据、移动互联等（王燕，2014），然而这些技术本身的社会经济投入都十分巨大（吕冬雪，2016），在校园当中进行建设和应用必将引发一波比 1.0 时代更大的经济投入，因此 2.0 时代的经济投入是否可行，这一问题值得系统考虑。

其次是规划问题。当前，很多中小学已经开展了智慧校园规划，甚至进行了智慧校园建设，随着智慧教育建设热情不断高涨，对其质疑的声音也不绝于耳。一些研究者提出"智慧校园不智慧""智慧校园是数字校园的翻版"等（陈琳等，2016），都在一定程度上对人工智能技术的教育应用和所能发挥的作用提出了质疑，绝大多数学校对智慧教育或者人工智能教育的应用缺乏概念和系统性思考，只是以前数字校园的延续，这种应用层面的智慧迷茫将极大阻碍人工智能新技术在教育中的创新应用。

最后是应用问题。如何利用人工智能技术辅助教育教学与管理过程，如何收集数据、获取信息、分析学情、干预行为（梁迎丽等，2018），这些是人们普遍关注却还没解决的问题。人工智能最突出的作用不是辅助课堂教学或呈现不一样的教学内容，而是基于数据的智能化管理，通过大规模的用户数据管理能够提出个性化干预方案，这是人工智能主要的教育作用（刘智等，2019），然而当前关于数据的获取、收集与分析的人工智能技术还尚不完善。

（三）基于原子经济性的教学干预模型

基于原子经济性的教学干预模型，将教学干预分为数据收集阶段、智能分析阶段、教学干预阶段，如图7-6所示。

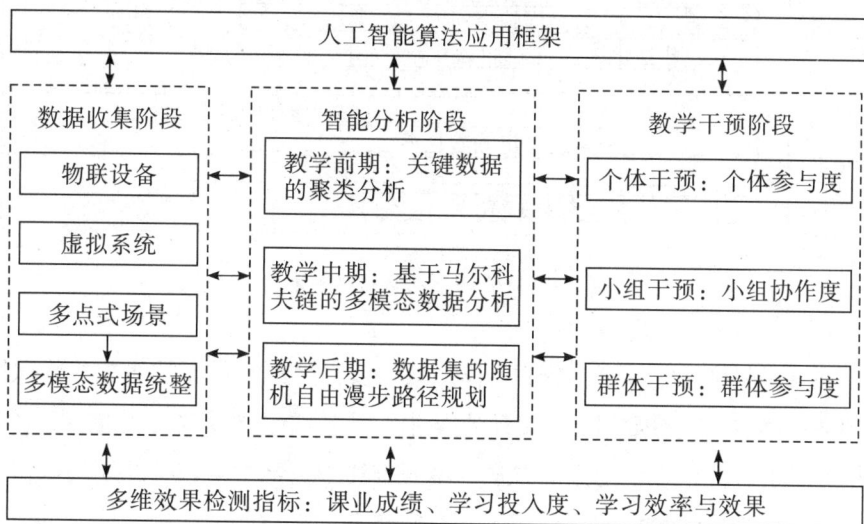

图7-6 基于原子经济性的教学干预模型

1. 数据收集阶段：多模态数据统整

在原子经济性的指导下，"人工智能+教育"环境需要一定教育投入以实现可量化检测、降低无用投入的建设目标，该环境可以与人工智能教育融合的设备、系统、算法应用相结合，实现多模态数据统整，调用废置设备提供学生行为痕迹，为数据的深度联系提供数据支撑，提高有用投入、降低无用投入。

教学干预模型的数据收集参考了基于多模态数据的获取方法，实现了智能评价系统的评价模块可嵌套和数据统整。在教学中，学生的学习主要发生在虚拟和现实的教学场景中，对教学场景数据的收集能够支撑多模态数据收集过程，故而可采用PST多模态数据收集过程实现多点式场景数据获取（如图7-7所示）。PST包含教学法、空间、技术三方面要素，教学法是学生与教师在场景中所应用的教与学的方式，空间是在有特色的教学空间中开展学习，技术是能够与人工智能技术融合的已经建设好的技术基础。

目的	充分利用学习空间，满足教学与学习的需要

教学法	以教为主的方法
	教与学并重的方法
	以学为主的方法

空间	教学空间
	虚拟空间
	生活空间

技术	支持教师教的技术
	支持学生学的技术
	基础设备技术
	社交媒体技术

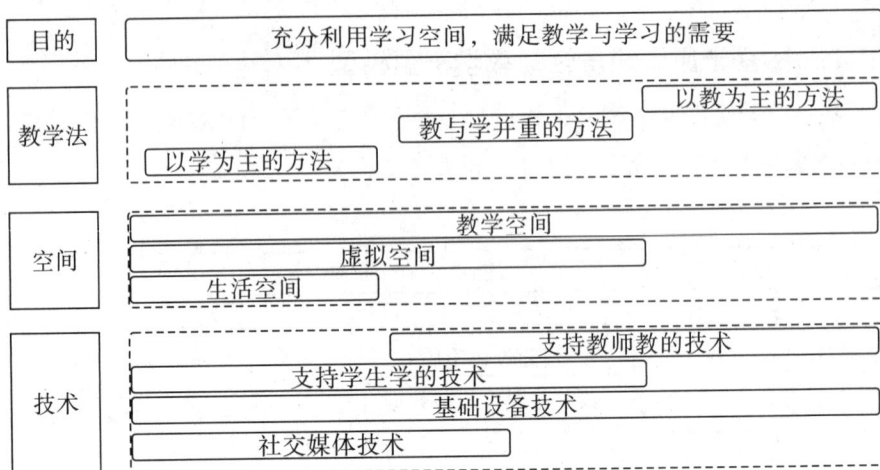

图 7-7　PST 多模态数据收集过程

在原子经济性指导下，PST 多模态数据收集聚焦于教学法数据、物联网空间数据和技术支撑数据。在 PST 框架中，教学法包含以教为主的方法、教与学并重的方法、以学为主的方法，不同方法中，学生与教学互动的数据类型不同，体现方法数据的多种模态；空间包含教学空间、虚拟空间、生活空间，包含学生在课堂、学校、家庭环境进行学习的数据，体现学习场景数据的多种模态；技术包含支持教师教的技术、支持学生学的技术、基础设备技术、社交媒体技术，指向正式、非正式的教与学过程中技术环境提供的数据，体现环境数据的多种模态。综合以上 PST 多模态数据能够多维度地支撑智能分析过程。

2. 智能分析阶段：关联性简易算法

人工智能算法包含卷积神经网络、生成对抗网络、马尔科夫链（Markov Chain）、随机森林模型等多种算法。该研究以提高教育易用性、兼顾原子经济性为原则，利用均值聚类与马尔科夫链复合应用的算法，实现了对数据收集阶段多模态大数据的智能分析，旨在建立现有数据与学生网络痕迹的联系，提高人工智能应用对学生预警发展的作用，同时提高人工智能教育投入的原子经济性。

均值聚类算法是一种迭代求解的聚类分析方法，通过确定 K 值对相对模糊的数据进行聚类分析，得到 K 个具有一致性特点的聚类中心。均值聚类是最简单的聚类算法，也是运用十分广泛的大数据算法之一。马尔科夫链是概率论和数理统计中具有马尔科夫性质且存在于离散的指数集合和状态空间内的随机过程，马尔科夫链较多应用于动力学、信号处理、金融学领域，主要目的是预测目标对象发展趋势，在教育领域中能够通过该模型预测学生成绩发展趋势和规划学习路径，不依赖于学生过去的评价结果而根据现状发展进行有效评价。通过均值聚类和马尔科夫链的复合使用，能够首先以均值聚类算法对学生进行分层，再应用马尔科夫链中实现不同群体、小组、个体的个性化学习路径规划。

例如初中是学生英语知识掌握和能力发展的过渡期，既要促进知识的传授，又要发展学生的听说读写能力，将智能干预分析系统引入初中英语教学能够更加有效地促进学生的知识掌握和能力发展。初中英语新课标包含 24 个话题，语法、知识、词语知识点形成知识体系，根据学生的线上线下多模态数据分析，得到适合个别学生的具体话题和测试维度，当计算得到学生成绩的多维数据聚类中心后，再根据 PST 多模态数据对学生进行分类，将系统中初中英语新课标话题与英语智能学习系统的测试单元进行结合，实现了基于马尔科夫链算法的个性化学习推荐路径（如图 7-8 所示），实现了数据与学生个性化特征的关联。

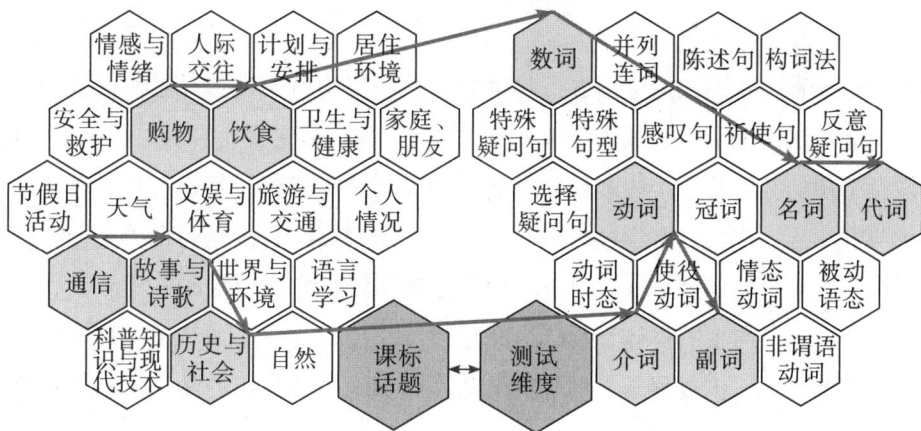

图 7-8 基于马尔科夫链算法的个性化学习推荐路径

3. 教学干预阶段：三重过滤教学干预

在数据收集和智能分析的基础上，教学干预阶段实现对学生的三重过滤分层和个性化学习路径推荐。在原子经济性原则指导下，此阶段能够降低人工智能教育应用的无用效果产出，简化和剔除无用指标，通过多维度、多模态数据提高评价效度，实施群体干预、小组干预、个体干预的三重教学干预过滤，达到精准评价的目的（如图7-9所示）。三重干预基于干预反馈模式（Response To Intervention，RTI）进行实施，干预反馈模式是一种可逆的多层级干预反馈过程，根据学生不同需要逐层开展教学干预，同时，随着学生进入更高的层级，对学生施加的干预将更加多元化。

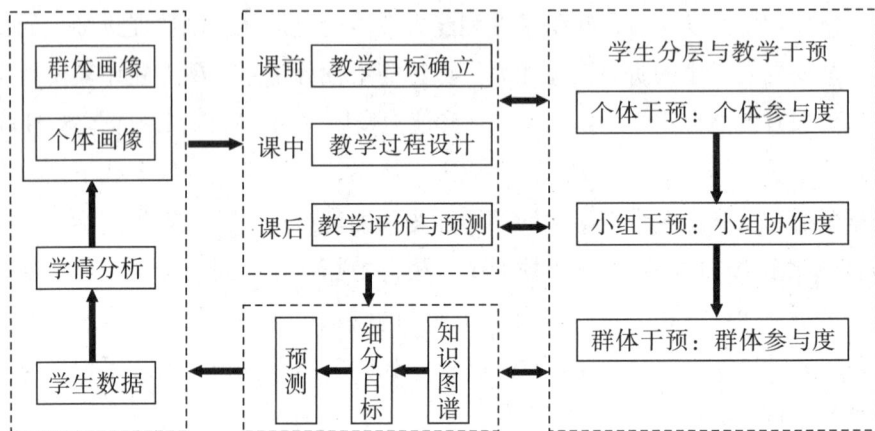

图7-9　面向精准评价的三重教学干预过程

　　教学干预主要依据数据进行学情分析，利用均值聚类和马尔科夫链的人工智能算法得到个体画像和群体画像，以实现智能精准评价和分层教学干预。教学干预的实施基于个体画像与群体画像确定教学目标、教学过程、教学评价与预测。一方面，教学过程对所讲授的知识图谱进行细化目标分类，实现了马尔科夫链的预测目标；另一方面基于画像进行学生分层与教学干预，实施提高群体参与度的群体干预、提高小组协作度的小组干预和提高个体参与度的个体干预，该过程基于马尔科夫链算法实现了数据集的随机自由漫步路径规划。

五、区块链技术：学习积分的去中心化

　　区块链是继互联网革命之后又一项颠覆性变革技术，受到金融机构、科技企业及其他各行业的高度关注，其快速发展也正契合传统教育的强烈变革需求，为构建教育诚信体系、去中心化创新教学和开放教育资源库等方面提

供强大的技术支撑（刘光星，2021）。

1. 区块链技术概述

区块链最早应用于比特币项目中，2008 年《比特币：一种点对点的电子现金系统》一文提出了比特币的构架理念，随后引发了学者们对比特币底层技术之一的区块链技术的关注（吴凯，2021）。中国信通院《区块链白皮书（2019）》将区块链定义为：一种由多方共同维护，使用密码学保证传输和访问安全，能够实现数据一致存储、难以篡改、防止抵赖的记账技术，也称为分布式账本技术。简言之，区块链作为一种链式结构，每一个存储数据的电子记录均被称作"区块"，"区块"之间通过"链"连接在一起，是一个可共享的、可信的、每个人都可以检查的公开账本（邢春晓等，2018）。区块链技术是数学、密码学、网络科学等多种技术整合的结果，这些技术以特定方式组合，按照透明和可信规则，形成一种新的去中心化数据记录与存储体系，并通过存储数据区块的时间戳形成一个连续、可追溯、前后关联的数据系统（陈东敏，2017）。区块链技术历经三个阶段的发展，以比特币为代表的 1.0 阶段主要应用于加密数字货币领域；以以太坊为代表的 2.0 阶段主要通过智能合约存储数据、担保交易，更加关注开放透明、去中心化、不可篡改等特征；以数字票据为标志的 3.0 阶段主要关注数字经济时代实物资产的链上虚拟映射（曲一帆等，2020）。《区块链白皮书（2021）》指出区块链产业发展正步入以"信任链""协作链"为导向的新发展阶段。随着区块链技术的不断发展，其应用已经从最初的金融领域拓展到包括教育领域在内的各个行业（兰丽娜等，2021），在助推教育变革方面发挥积极作用。

区块链技术与教育的结合首次出现于 2013 年，标志性事件是尼科西亚大学宣布接受电子货币支付大学学费。随后，麻省理工学院、斯坦福大学、宾夕法尼亚州立大学等高校的大学生在 Facebook 上成立"大学加密货币组群"（College Cryptocurrency Network）。2016 年，该群组更名为"区块链教育网络"（Blockchain Education Network），专门负责举办区块链相关知识竞赛。之后，国内高校纷纷加入高校区块链联盟的建设进程，如清华大学宣布成立"青藤链"，中国人民大学、中央财经大学先后成立区块链实验室等。随着新冠肺炎疫情席卷全球，在线教育、线上线下融合等话题被广为热议，区块链技术如何融入教育再次进入大众视野。区块链技术与教育的结合主要体现在如何应用区块链技术解决教育变革中存在的问题。虽然目前区块链教育仍处于起步阶段，但其所具备的关键技术特征或为教育变革提供强大支撑。

2. 区块链技术原理

近年来，区块链技术凭借其去中心化、不可篡改性及可追溯性等独特的技术特点和优势，备受国内外学者关注，在教育领域也表现出了强大的创新潜力和应用前景，被誉为"教育信息化新基石"（吴永和等，2020）。《教育信息化2.0行动计划》中明确提出要充分利用区块链等智能技术，加快教育现代化和教育强国建设。区块链的分布式账本、共识机制、非对称加密算法、智能合约、链式时间戳等核心技术，能够在不引入第三方中介机构的前提下实现去中心化、不可篡改以及保障安全可靠性（黄太进等，2020），为其在教育领域中的应用提供了技术支撑。

（1）分布式账本：去中心化。政府在相当长的时间内一直处于教育主体结构的核心位置，掌握了大量的教育资源，也导致教育权力更多地偏向于集权结构（张双志等，2020）。区块链技术采用分布式记账，使所有网络节点权限对等，即都具有存储信息的"副本"（王梦豪等，2020），不再受传统中心节点的限制，整个网络系统中的数据由所有节点共同更新和维护，每个节点都可以平等参与数据的账本记录，不需要借助任何权威的中心节点即可实现治理数据的点对点传输。分布式账本去除了第三方对数据记录、认证和交易的干预，将学习者的学习数据按时间顺序，以区块的形式分布式存储在终身教育系统中，各网络节点均各自维护一套完整的数据副本，可在网络上安全、永久地保存个人教育数据（张蕾等，2020）。因此，基于分布式账本的区块链技术，任何人都可以验证学习记录，能够确保数据的完整性和可靠性。

（2）共识机制：数据防篡改。区块链网络中没有一个中心进行集中的管理，当有新的区块加入网络链时，需要得到所有节点的共识。通过共识机制使区块链上所有节点或参与者之间建立一个可信任网络，从而使链上不同分布式节点之间快速达成交易，并确保所有节点中记录的数据信息实时同步与保持一致，实现区块链系统中数据信息的开放与透明，杜绝了通过攻击区块链操控链上数据的可能性（郑旭东等，2021）。共识机制让多数节点对数据可靠性进行共识查验并抵御恶意攻击，尽管区块链中记录交易的数据库可供任何人访问，但通过设计辅以密码学和共识机制，其数据记录方式使得修改某一数据需要变更所有后续数据记录，造假难度极大（胡乐乐，2021），即使某个节点受到攻击和篡改也不会影响整个网络的正常运行。

（3）非对称加密算法：安全与隐私保护。区块链并没有采用常见的对称加密算法，而是使用了安全性较高的非对称加密算法，即数据加密使用公钥，数据解密使用私钥，且公钥和私钥必须配对使用。非对称加密算法为学校、社会、政府等节点的数据上链提供了一组公钥和私钥，为评估学科发展绩效的数据赋予了独一无二的数字身份证，以确保数据的安全可信（张双志等，2021）。非对称加密算法确保了数据的安全可信，由于公钥被区块链网络上所有节点所知，因而可确保链上交易信息开放透明，但私钥仅被持有者所知，确保了详细数据和隐私信息的高度安全（郑旭东等，2021）。

（4）智能合约：监督自动履约。智能合约是一种可以通过计算机自动执行的交易协议，旨在去除第三方干预实现智能化交易。区块链中的智能合约实际上是对链上节点间的交易逻辑和访问规则进行了定义，通过自动执行智能合约后所输出的数据及其相关记录将会被永久存储在区块链上且不能被更改（武继刚等，2020）。因此，区块链系统通过智能合约开展的各种交易不再需要第三方中介机构的信用背书，不仅大大提高了交易效率，且不用担心交易抵赖等行为。在教育领域中，智能合约的执行主要在于对学习者信息与学习成果进行匹配验证，以及对学习过程数据、学习结果等进行自动记录、监督（梁青青等，2020）。

（5）链式时间戳：记录可追溯。区块链中的区块以线性的方式相连，所有的操作都需要网络中所有节点的认可，保证了区块不能被篡改、伪造和删除。区块链通过哈希算法对上链数据进行压缩和加密，所有的信息数据都被区块链所记录，形成了一条完整的数据历史链条，通过区块链能够快速实现溯源查询，以保证数据信息全程可追溯。同时，链式时间戳作为唯一标识某一刻时间的数据结构，可以实现数据的可追溯和永久储存，有助于提升各教育主体之间合作行动的可信度，实现教育行动轨迹的全程可追踪、可溯源，直接去除第三方中介的担保参与。

3. 区块链技术教育应用

2016 年 10 月，工信部颁布《中国区块链技术和应用发展白皮书》，指出"区块链系统的透明化、数据不可篡改等特征，完全适用于学生征信管理、升学就业、学术、资质证明、产学合作等方面，对教育就业的健康发展具有重要的价值"。在教育领域中，区块链技术主要应用于学习过程数据记录、学习成果认证、数字教育资源管理等方面。

（1）学习过程数据记录。区块链最重要的功能之一是提供不可更改的分布式数据记录。非对称加密算法、共识机制实现了数据信息的防篡改，时间戳实现了数据的可追溯和永久储存，为解决教育记录的安全性、永久性、可信性提供了最佳路径（曲一帆等，2020）。教育技术专家 Mike Sharples 指出区块链在教育中可用于数据记录的分布式存储（Devaney L，2016），国内外机构对学习过程数据记录进行了大量实践。未来教育研究所和美国高考基金会发起"Learning as Earning"区块链教育应用项目，利用区块链分布式存储技术跟踪学生各个阶段的学习情况。英国开放大学利用区块链开发的"微认证"技术，用于记录学习者的慕课学习过程并进行动态评估。我国首个校园区块链项目由中央财经大学与互联网公司开发，利用区块链技术记录学生在校期间的所有学业成绩。极客豆学院利用分布式账本记录终身教育者的学习数据区块，账本可在各个参与方之间共享。廊坊市教育局利用区块链技术，借鉴国际学生评估项目（PISA）测试经验开发了教育质量监测系统，为学生建立成长档案，同时为学生的成长过程进行"精准画像"。

（2）学习成果认证。学习成果认证，也称学分银行，通过模拟、借鉴银行的机理、功能和特点，以学分为计量单位，实现各级各类学习成果的认证、积累与转换（李林曙等，2013）。区块链技术所具备的可追溯、去中心化等特征，为构建跨区域、跨部门、跨学校的学分银行提供了可能，不仅能够记录终身学习轨迹，构建可信的教育记录，还可以对学习者在不同时间、不同教育机构或平台获得的学习予以记录和认证。引入区块链技术搭建学分银行，可以使学习者在不同地域的不同学校拥有有效、一致的学分记录，院校间可以便捷、低成本地实现学分记录查询、转换（张蕾等，2020）。2015 年，美国霍伯顿软件工程学院首次使用区块链技术发放学业证书，2017 年开始在区块链上共享学历证书信息。国内开发的教育区块链学分银行在线教培系统（Education Chain，EDC，简称"教育链"），通过区块链记录学习者在不同教育培训机构的学习情况，学习者完成一定的学时数即可获得相应的学分，积累到一定学分还可以申请学费减免福利，可有效支持学分银行业务（周继平等，2019）。

（3）数字教育资源管理。区块链技术在知识产权保护方面具有显著优势和重要应用价值。通过区块链技术的可追溯特性，能够有效解决知识产权来源信息查询和鉴别的困难，清晰记录不同参与者的实际贡献，确保有效溯源和精准追溯。针对数字资源存在的资源版权保护力度弱等现实困境，区块链技术可有效提高开放教育资源共享平台中资源版权保护的力度，维护资源创作者的权益，营造良好的开放教育资源流通环境（王梦豪等，2020）。此外，通过区块链开展区域内教学资源、学习资源、教研成果等优质数字教育资源认证，以高效、可信及低廉的教育资源服务交易方式，推进高品质数字教育资源服务的跨学校、跨区县开放共享，促进对区域内线上线下教育培训机构的管理，提升区域内教育资源服务配置与应用的公平性。如北京师范大学提出了一种基于区块链的数字版权管理系统，此系统通过公有链和私有链相结合的方式来管理在线教育多媒体资源，并利用 3 个智能合约框架来分别实现多媒体数字版权的记录、安全存储和数字证书的无中介认证。

第八章 | 人工智能助推教师队伍建设案例 |

第一节 模式创新: "四新" 发展的高校模式

一、案例简介

2018 年 8 月以来,北京外国语大学以培养智能教师、提升教师智能教育素养、建设教师发展智能实验室、建设教师大数据为目标,开展"教育部人工智能助推教师队伍建设行动"。深入实践,探索出以"新技术、新观念、新方法、新角色"的"四新"教师发展理念为指导,以"创建智能教育环境、提升教师智能素养、创新教师发展模式、优化教师数据管理"为"四轮"驱动策略的、可复制、可推广的北外模式,见图 8 - 1。

在现代信息技术与教育领域融合发展并触发教育变革的大背景下,教师需要顺应时代发展趋势,提升自身的信息化、智能化素养,改变传统教学观念,运用新技术有效开展教学。由此,北京外国语大学提出"四新"教师发展理念,倡导教师拥抱创新技术,转变教学观念,探究创新教学方法,担当新角色。

在"四新"教师发展理念的指导下,学校严格按照《教育部办公厅关于开展人工智能助推教师队伍建设行动试点工作的通知》,落实四项行动,分别对应"四轮"驱动策略,并以此指导四项试点行动的落地,见图 8 - 2。

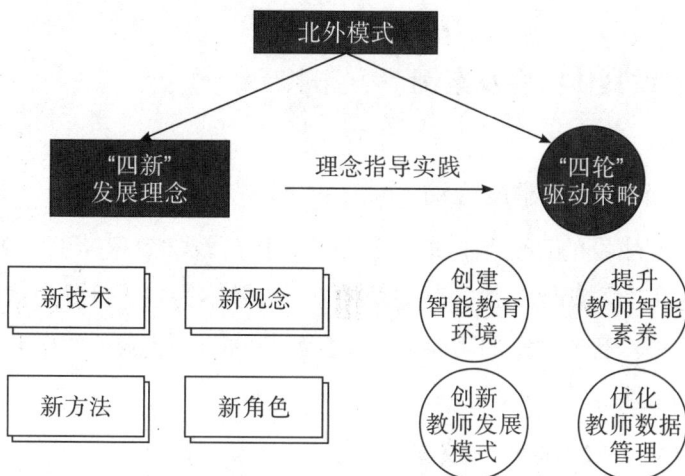

图 8-1　北外模式框架

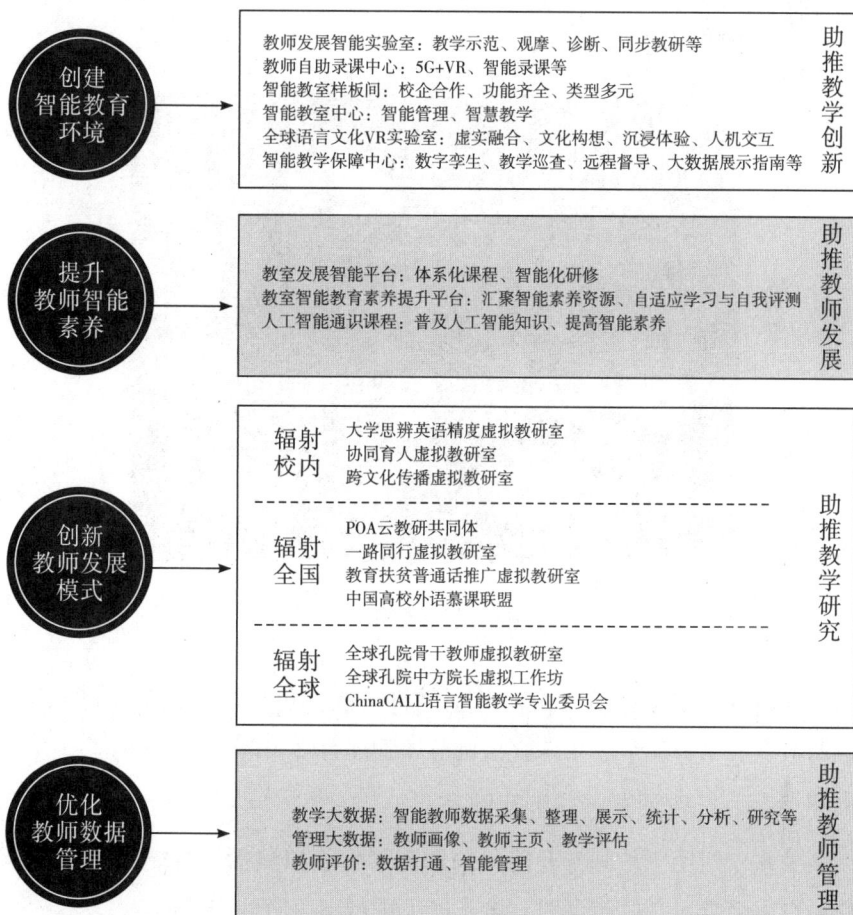

图 8-2　北外模式"四轮"驱动策略

二、建设具体内容及案例

（一）智能教室建设行动

智能教室建设的目的是促进教学创新、提高教学效率、激发学生兴趣，以及增进学生学习成效。智能教室以服务高校教学为主，可分为基础型、拓展型、高级型。智能教室的功能包括服务教师的功能、服务学生的功能和服务管理的功能。

1. 案例：分组讨论式教室

分组讨论式教室为学生提供灵活组合的桌椅布置，教室的四面墙上都设置了互动式电子白板，前后侧还设有可书写式白板，教师书写后，学生可扫描二维码保存白板笔迹。

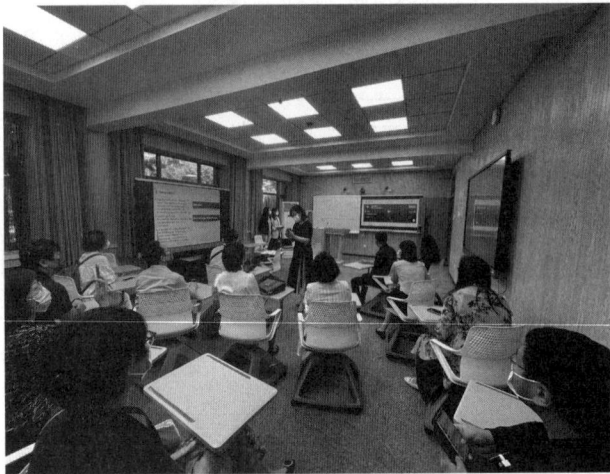

图 8-3 分组讨论式教室

教师通过智慧中控可自由对教室进行控制，包括温度调节、灯光调节、窗帘调节、展示屏调节、录课直播调节和管理者呼叫等。

2. 案例：教师发展智能实验室

该教室专门用于教师专业能力培训和学生虚拟演播演讲能力训练。学生桌椅可自由组合，教师授课时，电子屏上进行多语言同步传译。

图 8-4 教师发展智能实验室

教室的另一侧，学生可在绿幕前进行模拟演练，演示屏幕会显示虚拟演播画面。学生根据教师提示进行演讲训练，教师根据学生个人评价或录播视频进行评价，给予学生个性化指导。在教室另一侧，配有幕后演播室，技术人员可对教室内教学过程进行录制、调节、演播以及维护。

图 8-5 教师发展智能实验室后台

教室楼上配有演播观摩间，供参观者、学习者进行参观学习，不影响师生的教学过程。

图 8 – 6 　教师发展智能实验室观摩间

3. 案例： 逸夫楼大型分组讨论型教室

该教室支持大班级学生进行分组讨论，整个教室有大约 10 块交互式电子白板，每个小组可以从各个方向看到教师主画面。教师根据自己的教学设计布置学习任务。

学生可用自带设备进行学习，并能够自然接入教室主画面中，与教室系统进行协同。

（二） 智能教育素养提升行动

智能教育素养是建立在人工智能技术基础上的一个多元化、有层次的概念范畴，集人工智能技术知识与技能、观念与意识、伦理与道德为一体，利用人工智能技术解决教育问题，促进教育创新技能，其内涵具有动态性和发展性。智能教育素养提升旨在通过融合线上线下多种形式的教师队伍研习和教学水平提升行动，提升教师智能教育教学理念、智能教育教学应用技能、智能化教育教学研究能力，推动教师积极运用人工智能技术与服务，运用多种教学方式，改进教育教学，创新人才培养模式，提高教学质量与管理效率，形成新的教学生态模型。与此同时，基于线上平台与线下活动，支持不同地域教师开展线上线下融合的智能教育素养提升研修，形成专业学习共同体，促进教师专业发展。

1. 案例：基于企业微信定制虚拟教研室

云教研基于企业微信定制开发了虚拟教研室，包括协同育人虚拟教研室、一路同行虚拟教研室、跨文化传播虚拟教研室、POA 云教研共同体、英语学术论文写作虚拟教研室、英语精读 2 虚拟教研室等。

图 8-7　虚拟教研室

图 8-8　虚拟教研室类型

2. 案例：《创新教学报告 2021》

2021 年 1 月 8 日下午，由北京外国语大学人工智能与人类语言重点实验室和英国开放大学教育技术研究院联合编写的《创新教学报告 2021》（*Innovating Pedagogy 2021*）正式发布。《创新教学报告 2021》的发布充分展示该校拥抱创新技术、开展高水平国际合作、助力建设高质量教育体系的发展方略。

（三）教师发展智能实验室建设行动

教师发展智能实验室兼具多种功能，旨在实现教育教学的智能测评，以及教学诊断、教学示范、模拟教学和网络教研等多种教师发展功能，提升教师教育教学能力，促进教师专业发展。

教育教学智能测评主要是指基于人工智能技术的智能阅卷系统，旨在解决传统纸质考试评阅标准不统一、数据分散、统计分析低效等问题。

1. 案例：全球语言文化 VR 实验室

该实验室旨在培养学生的英语演讲能力，通过 VR 环境的构建，模拟真实的英语演讲环境，包括环境音、与观众互动。使用者需要按照 VR 眼镜的提示在虚拟环境中抽取演讲题目，使用者准备好后即可开始演讲演练，该过程可以录制下来，以便教师后续对其进行个性化评价。

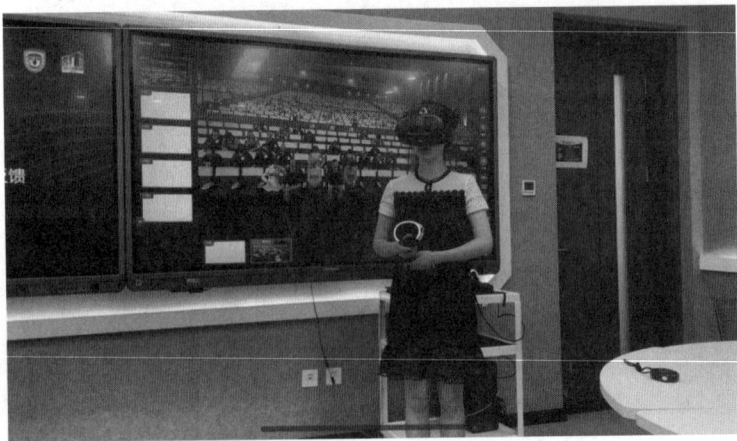

图 8-9 全球语言文化 VR 实验室

2. 案例：多语言脑科学研究中心

该研究中心旨在研究学习者在学习语言时的脑机制，通过眼动仪和脑电仪等仪器发现学习者语言学习的脑机制，进而通过语言教学策略，促进学习者大脑特定语言区域的发展。

（四）教师大数据建设行动

教师大数据建设行动包括教师教学大数据平台建设、教师管理大数据平台建设，以及教师评价。采集教师教学、科研、管理等数据，对教师大数据进行挖掘分析，形成教师大数据，探索建立教师数字画像，优化教师管理，提升教师服务，支持学校决策。高等院校大数据中心可通过汇聚高校教学各个环节模块，整合校园大数据，输出数据反馈报告，提供多维度教学预警，形成教师大数据建设方案。此外，通过智能教学管理平台全过程自动采集、清洗、计算数据，实时跟踪，持续助力学生成长、教师发展、教学管理现代化。

1. 案例：智能教学保障中心

该平台为教育大数据的实时监测、采集、分析、可视化提供支撑。使用者可查看各教室及网络平台上的课程统计数据、直播预告数据、课程录播数据、平台访问数据、热门课程数据、录播室管理数据、设备统计数据、资源增长趋势数据、资源分布统计数据等。

2. 案例："数字北外"大数据管理平台

该平台整合教师、学生、管理者数据，为各种教育决策提供支撑。使用者可查看校工信息、学生信息、科研信息、教学信息、一卡通、资产信息、党建消息、服务管理。

校工信息，包括在职人员分布情况、学历学位分布统计、职称职务分布统计、年度入职情况统计、部门人员信息分析、管理部门人员分析。

学生信息，包括在校本科生分析、在校研究生分析、在校留学生分析、历年迎新数据分析。

科研信息，包括纵向科研项目、横向科研项目、科研论文分析、项目经费分析、科研奖励信息、科研人员分析、科研成果分析。

教学信息，包括本科生教师职称分布、本科生成绩分析、本科生课程评价分析、本科生课程开课率分析、本科生课程明细列表、研究生课程明细列表。

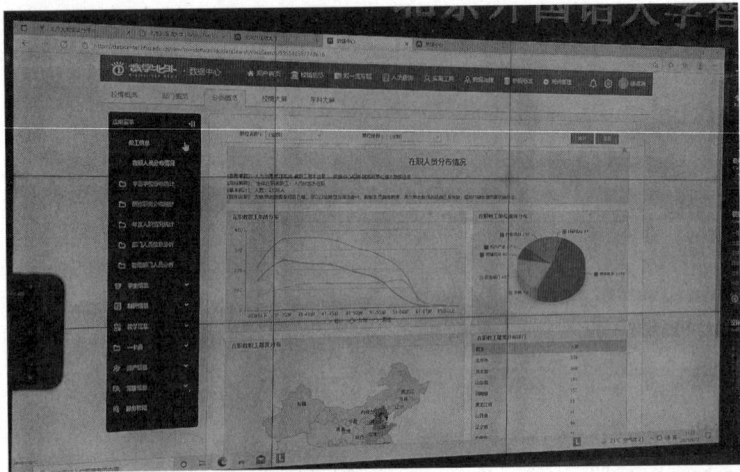

图8-10 "数字北外"大数据管理平台

三、北外模式优点分析

（一）顶层规划设计

北京外国语大学作为教育部第一批试点单位，对"人工智能＋教育"进行了尝试，其优点之一是提出了具有自身特色的北外模式。该校能够立足本校一直以来开展英语教学及英语教育信息化资源建设的特色，继续发挥学科特色与信息化建设积累。提出"四新"教师发展理念与"四轮"驱动策略。"四新""四轮"顶层设计作为北外最突出的特色，自然地融入其试点工作的各项建设内容当中，具有整校规划的逻辑连贯性。

其试点工作着力挖掘学校自身的独特优势，所提出的模式与其优势进行了有效融合，并能够让后续的试点建设工作内容自然融入模式中。

（二）发展教师素养

该校建设了诸多实验室及教研室，教师能够自如地操作平台、展示功能，体现了较好的教师智能教育素养；在教师大数据管理方面，管理平台也分析了教师信息及教学情况，能够让使用者较直观地看到学校教师结构、教学情况、资源建设情况等。

其试点工作注重对教师智能教育素养的培养，对现有已经建设的智能实验室进行了深度的教学法挖掘，摸索了教学流程、优化了教学过程、细化了学科教学法，真正实现了功能场室与教学的深度融合，进而通过智能技术提高了教师智能教育素养。

（三）优势资源整合

该校展示了其重要的四项基本建设任务，包括：

第一项任务"创建智能教育环境"，主要由北外信息技术中心承担，通过统一的信息系统整合和智能教学保障中心的统一管理，实现了智能环境数据整合。

第二项任务"提升教师智能教育素养"，主要由学校统一规划，教师发展中心、网络研修学院、国际新闻与传播学院、国际关系学院共同参与完成，旨在开展特色智能课程建设、智能场室教学法探究、虚拟教研室应用、教师智能教育素养发展、远程直播录播、援藏援疆扶贫项目等工作。

第三项任务"创新教师发展模式"，主要由人工智能与人类语言重点实验室完成，该实验室主要由北外—讯飞联合实验室、多语自然语言处理研究中心、外语健脑强智研究中心、多语种语料库研究中心、多语言脑科学研究中心等组成。

第四项任务"优化教师数据管理"，主要由网络教育学院完成，即利用学校现有平台数据进行数据分析探索，提出诸多研究成果，并根据已有智能教学法发布《创新教学报告2021》，同时形成了《远程教育服务规范》国家标准，并根据其专业建设情况开设了"教育技术学"二级学科硕士点，针对智能语言发展招收研究生。

（四）多元特色协同

该校邀请了多家单位共同协同，例如邀请北京理工大学，在学校智能教育发展规划方面提供了支持；邀请教育信息化专家作为外聘专家，在人工智能推动未来教育发展方面提供了支持；利用其旗下外研社的既有资源及其中国高校外语慕课联盟的既有课程，丰富了网络在线课程资源。

同时，诸多场室、平台、系统、产品涉及了多家教育信息化企业。"外研在线"作为外研社旗下的教育信息化公司，为试点工作提供了 VR 实训场室、iWrite 智能英语语法训练平台等；科大讯飞为平台的语言训练、多语境语言翻译提供支持，并为大数据分析平台的整合提供了技术支持；华为为远程直播平台、录课平台、双师课堂平台提供了技术支持；腾讯教育通过企业微信定制版为虚拟教研平台建设提供了支持等。

第二节　模型创新：　基于大数据的教师专业发展模型构建

随着大数据、云计算、人工智能在教师教育领域的应用，教师教育正走向精确化、个性化、定制化的"智能研修"新阶段（李栋，2020）。目前，中国"互联网＋教育"建设多年，多数省级教师发展管理部门都拥有多个相关管理系统，如教师继续教育管理系统、教师信息技术能力提升服务平台、远程培训系统、实践教学系统、教师教学发展管理系统等，这些系统实际运作多年，拥有大量的数据。如何利用大数据技术充分挖掘现有的平台数据（张敏霞等，2021），构建教师专业化发展分析模型，服务于师范生培养和教师专业成长，辅助教育培训方向的决策制定，创新教师教育模式，为教师专业发展提供精准、个性化的培训服务，提高教师教育质量是迫切需要研究的问题。本书结合建设"广东省教师教育大数据智慧系统"项目，研究构建基于大数据融合的多源多层教师专业发展分析模型，以期丰富大数据技术在教师专业发展的应用，并为其他各级建设教师专业发展分析平台提供借鉴。本书使用需求评估研究模式与新兴大数据技术相结合的研究方法，探讨教师发展存在的分析需求，按照探讨所得出的分析需求构建分析模型，并把该模型运用于实际的分析系统中，得出分析结果，并探析多层需求分析呈现的效果。

一、数据分析需求探讨

根据层次分析法思想（Analytic Hierarchy Process）（美瑞迪斯·高尔，2016），并结合教师个体、教师培训机构、教师发展管理部门存在的不同程度的数据分析需求，数据分析需求可分成基本分析、中度分析、深度分析 3 个层次，随着管理权限的逐步增加而逐渐深入，分析范围也逐渐扩大。

（一）教师个体专业发展自我认知基本分析需求

现代社会对教师提出较高的要求，教师需具有现代教育教学理念，精通教学内容，掌握现代教育技术，运用现代教学方法，并以积极乐观的个人魅力和较高的教学技艺指导学生学习。随着新课改革的不断推进，教师为了适应新课改的教学需要，满足自身专业发展需求，需要更新自身的观念、充实自身的知识结构、掌握更有效的教学方法，实现自身的不断超越。但是教师对于应该学习什么内容、应该参加哪方面的培训、应该提升哪方面的能力较为迷惘。这就需要充分利用大数据和智能技术，客观判断自身专业发展情况，精确定位自身专业水平，精准发现自身的不足，以明确自身的学习、培训需求。

（二）教师培训机构精准培训中度分析需求

省级教师培训机构作为地方教师教育场所，长期服务于地方基础教育和地方经济发展，为地方基础教育培养各方面人才。在教师教育方面，尤其是基础教育教师、园长、校长培训方面，积累了丰富的经验，同时积累了大量的教师个人信息、教师受训轨迹、教师培训效果评价、培训课程信息等。但这些信息存在于不同的系统，难以进行有效的统计分析，难以推出精准的培训内容。这就迫切需要建立分析平台并运用大数据的智能化分析，实现培训课程质量分析、教师专业发展培训方案制订，为教师教育提供全方位、精准化、个性化的专业培养和培训服务。

（三）教师发展管理部门综合分析与决策辅助深度分析需求

教师发展管理部门是在管理区域内统筹考虑、全面布局的教师专业发展促进机构，并为教师提供各种职后非学历培训项目，对各种相关基础教育培训项目进行统筹推广、协调，以及对项目开发、项目实施、项目评估、项目绩效考核进行全过程监管。这就要求教师发展管理部门能获取区域内教师信息，从宏观层面分析各个地区教师情况；分析区域教师的专业水平；分析培训机构相关信息；分析培训机构开设培训课程相关信息；分析优化培训工作流程。以促进教师教育全面发展，提高分析效率，并使精准决策成为可能。

二、教师发展分析框架

以大数据分析系统通用模型（包括数据采集、数据处理、数据分析、数据展现等模块）为雏形，根据教师个体、教师培训机构、教师发展管理部门的具体分析需求，利用现有的中小学教师发展相关管理平台的海量数据资源，结合人工智能技术、现代数据呈现技术，构建基于大数据融合的多源多层教师专业发展分析模型，如图 8 - 11 所示。

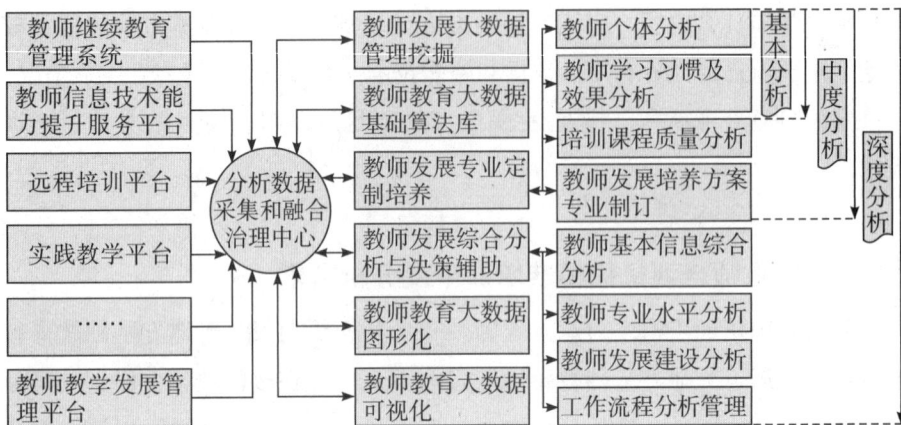

图 8 - 11　大数据融合的多源多层教师专业发展分析模型

（一）分析数据源接入

数据源是指数据库应用程序所使用的数据库或者数据库服务器。本书所称数据源是指存储在众多教师发展相关服务平台上的数据的总称。数据源是一切分析的前提，所以要尽可能挖掘数据源，通过实时和非实时的方式接入，保持数据的可持续更新。提供内容全面、友好的界面配置数据源信息，通过任务调度进行数据汇聚，支持自定义敏感信息的加密处理，支持全面完善的数据源，如 MySQL、Orcale、SQL Server。

可接入教师专业发展相关数据源系统包括教师继续教育管理系统、教师信息技术能力提升服务平台、远程培训平台、实践教学平台、教师教学发展管理平台等。这些平台的系统数据可选择实时接入，也可利用可视化管理模块手工配置接入。

（二）分析数据采集和融合治理中心

分析数据采集和融合治理中心一方面治理来自数据源的数据，另一方面为下一步数据分析提供完整、规范的数据，发挥承上启下的作用。但由于数据源众多，数据存在形式参差不齐，数据质量不尽如人意，所以需要引入数据质量管理模块。通过快速评估结果和对数据质量的要求，基于质量评估指标，用户可以自由配置一系列的数据质量检测规则。系统将根据这些规则自动化检测和监控数据，一旦检测出异常数据则实时发送警告。中心通过"拉"的方式单向获取数据源数据，而通过"推拉"的方式与数据分析模块交互。

针对这些数据质量问题，在进行数据治理时的宗旨是不改变原始数据，采取"拉"的方式获得数据，并且由于很多数据质量问题无法通过程序直接处理（如程序无法判断某人的性别，并对该空值数据进行填充），这个过程需要培训管理部门、业务系统所属部门共同参与。因此，数据治理采用的是闭环内控机制，通过系统配置数据质量检测规则，发现数据质量问题，并将异常结果反馈给培训管理部门或业务方，由业务系统所属部门从源头处规范数据，经过持续的数据治理，提高数据质量。

（三）分析支持模块

分析支持模块包括 2 个部分，分别是教师发展大数据管理挖掘和教师教育大数据基础算法库。教师发展大数据管理挖掘对结构化数据、非结构化数据进行计算和分析挖掘，从而可以为灵活的数据分析提供支撑。基于数据来源与种类的多样性，用户可根据需求创建分析任务，自主定义分析流程。由于数据种类的多样性，平台需根据实际应用，设计平台算法模型，构建大数据算法库，为自助分析提供技术支撑。用户可通过大数据算法模型，针对已有数据，进行不同维度的统计分析，从而形成培训项目需求调研报告，供各级部门工作决策时参考。

在建设过程中，教师发展大数据管理挖掘模块侧重数据分析挖掘的服务交付和模型交付。作为动态演进的数据分析挖掘服务支持模块，业务建模可随着业务增加逐步演化，适应业务发展和变化。为满足各个层次的分析需要，算法库需集成的算法较多，包括特征构造算法、降维算法、聚类算法、分类算法、回归算法、推荐算法、频繁模式挖掘等，为分析模块提供强有力的支撑。

主要算法为基于协同过滤算法实现培训课程推荐，协同过滤的关键是找到有相似培训需求的人，也就是要计算培训数据的相似度，可采用夹角余弦（Cosine）。在二维空间中向量 A (x_1, y_1) 与向量 B (x_2, y_2) 的夹角余弦计算如下：

$$\cos\theta = \frac{x_1 x_2 + y_1 y_2}{\sqrt{x_1^2 + y_1^2}\sqrt{x_2^2 + y_2^2}}$$

两个 n 维样本 a $(x_{11}, x_{12}, \cdots, x_{1n})$ 和 b $(x_{21}, x_{22}, \cdots, x_{2n})$ 的夹角余弦如下：

$$\cos\theta = \frac{a \cdot b}{|a| \cdot |b|}$$

即

$$\cos\theta = \frac{\sum_{k=1}^{n} x_{1k} x_{2k}}{\sqrt{\sum_{k=1}^{n} x_{1k}^2}\sqrt{\sum_{k=1}^{n} x_{2k}^2}}$$

（四）教师专业发展分析模块

根据上面三个层次的分析需求，分析模块设置教师发展专业定制培养和教师发展综合分析与决策辅助 2 个部分，每个部分又包括 4 个具体的分析模块。分析模块提供多维统计类以及算法建模类等分析功能，通过组件拉拽的方式实现数据分析逻辑的构建及运行，通过运算组件的快速处理得到分析结果。

1. 教师发展专业定制培养

（1）教师个体分析。对教师的基本情况，如性别、籍贯、年龄、学历、学位等基本信息；职称、外语水平、计算机水平等专业能力；继续教育、培训等的评价进行全方位、多角度的获取分析，形成教师个体画像。通过教师个体画像，明确教师的个人基本特点、专业技能、擅长的能力、欠缺的能力等。实现对教师的个体诊断和评测，为教师个体学习、培训指明了方向。分析教师数量、各年龄分布、地域性分布，方便培训机构和教师发展管理部门了解教师的基本情况。

（2）教师学习习惯及效果分析。分析教师在继续教育网络学习平台中的选课科目、学习时间、单次学习时长、学习习惯等学习行为及完成学习后的考核情况、评价等级等。或是对其在继续教育中可抵模块的折算内容分类汇总，分析其偏爱。发现教师在学习过程中的倾向学习内容、学习时间、学习方法、学习习惯，从而发现学习的不足，以便支撑教师学习方式改进。

（3）培训课程质量分析。教师培训课程有线上、线下课程。线上课程包括必修课、选修课、专业课，这些课程只规定培训总学分，教师可根据自己的兴趣、爱好在课程库中选择。线下课程包括机构所开设的培训课程，但这些课程的考核结果、课程评价都记录在分析系统中。通过对线上培训课程的选择人数、修完课程人数、教师学习得分、课程评价，线下培训课程的考核结果、课程评价进行统计分析；了解所设线上、线下课程能否满足教师的继续教育学习需要，以及所开设课程的质量和培训效果，以便提升课程的质量。

（4）教师发展培养方案专业制订。根据学科特点、职称信息、参与培训的历史记录、培训的历史成绩、个人喜好等信息，利用基于协同过滤算法综合分析和深入挖掘，给教师提供个性化的学习、培训方案，满足不同教师的学习、培训需要，使精准化、个性化培训成为可能。

2.　教师发展综合分析与决策辅助

（1）教师基本信息综合分析。教师发展管理部门利用教师基本信息，刻画教师个体画像，结合省内教师信息，分析统计得出教师人数、性别分布、年龄分布等区域教师信息。综合区域教师信息，从宏观层面上对各个地区教师情况进行分析，并自动生成分析报告，为各级教师发展管理部门的教育决策工作提供参考。

（2）教师专业水平分析。教师发展管理部门通过对继续教育证书、外语水平成绩、计算机水平成绩、普通话水平成绩、专业技术职称、专业技术学习经历、教龄进行全面分析，根据分析结果获取教师的专业水平，并构建教师综合指数，可溯源各地教师专业水平。以便教师发展管理部门宏观了解各单位、区域之间的差异，为推进教育公平提供精准数据。

（3）教师发展建设分析。对培训机构的类别、资质、规模等基本信息，以及各培训机构所开设的培训项目数量、学时数量、学科类型、参训情况等进行分析，同时也对培训机构关注程度、项目投入程度、课程安排情况、时间分布情况等进行分析，以对培训机构进行有效全面的监管，加强培训内容的针对性、培训机构的规范性。对以往培训课程有一个宏观的分析，以便开展下个阶段的教师专业发展计划，促进教师的全面协调发展。

（4）工作流程分析管理。可对管理、进度审批等工作流程进行跟踪分析，针对其中存在的问题和待优化点进行标注，并加入提醒功能。根据分析结果灵活调整、重构工作管理流程，从而提高教师专业发展管理工作的效率。

（五）分析呈现模块

教师发展数据可视化。用户可以针对每一次分析结果进行可视化，将 Web 页面与热力图、3D 图、词云、柱状图、饼图、折线图、散点图、雷达图、仪表盘等相结合，提供多种图表的可视方式，从而可以对分析结果进行直观展示，并可对各种图表进行保存管理。

大微可视化。大可视化表示可视化大屏，把教师发展分析过程中复杂、抽象的大型数据，通过图形、图表、图标等形式以视觉效果展示出来。微可视化表示结合微信社交软件，绑定管理部门人员账号，方便管理人员实时、可视化监视教师发展的宏观数据。

三、多层分析呈现效果

为探究所构建分析模型的分析效果，满足分析需求，下面根据已构建的教师发展框架，融合多个平台的教师发展相关数据，包括全省 100 多万名基础教育教师的 120 780 636 条数据，实现在分析模型的支持下进行多维度、多角度教师发展分析，如图 8 – 12 所示。系统分析内容较多，限于篇幅只探析教师发展三个层次所需具体分析模块的部分呈现效果，包括个体分析呈现效果、培训方案呈现效果、综合分析与辅助决策呈现效果。

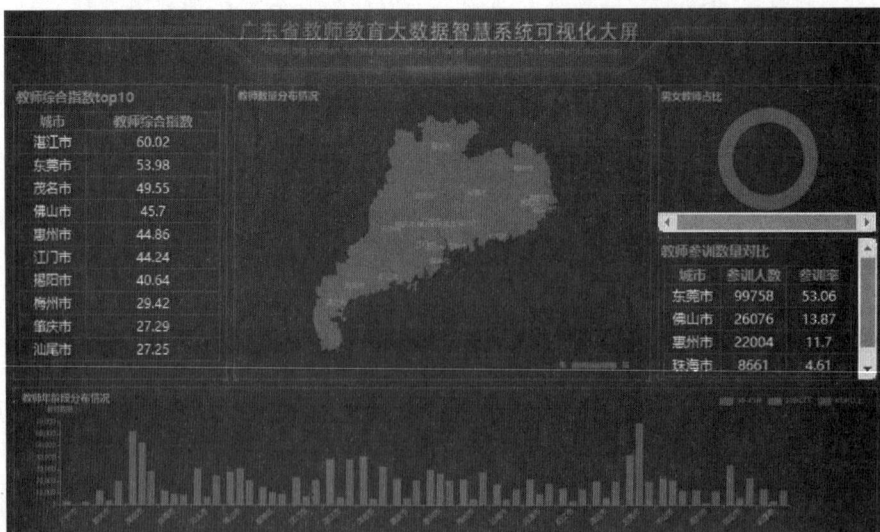

图 8 – 12　教师专业发展综合分析大屏呈现样例

（一）个体分析呈现效果

教师个体分析包括个体画像、创新实践指导、教科研信息、学习习惯等。个体画像分析如图 8 - 13 所示，包括专业能力分析和专业能力评定。专业能力分析利用雷达图从学历、职称、研究、教学、教龄 5 个维度分析呈现，教师的某方面能力在全省或是某区域的排位一目了然。专业能力评定利用仪表盘图从学历全省教师占比、职称全省教师占比、从教时间全省教师占比 3 个维度对比分析，教师在全省所处位置直观易懂、形象生动，呈现效果良好。

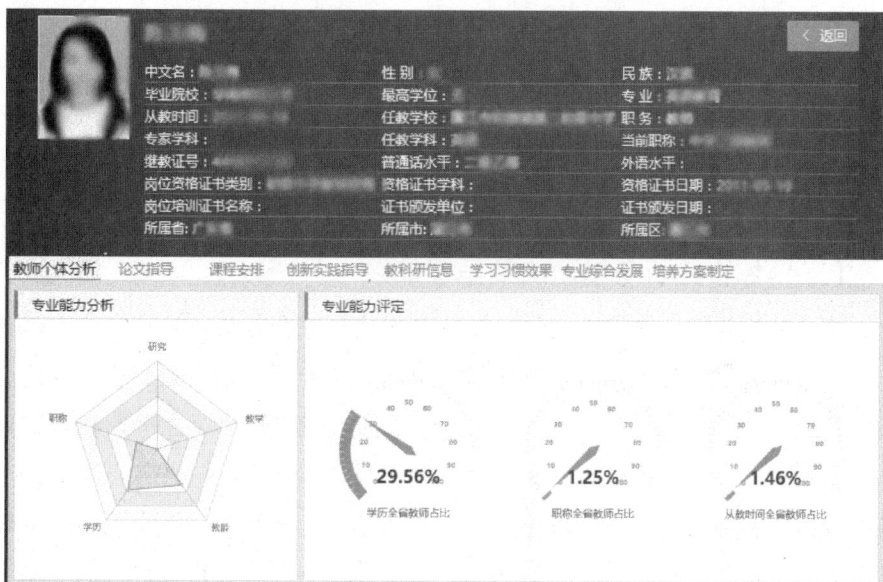

图 8 - 13　教师个体画像分析呈现样例

（二）培训方案呈现效果

培训方案模块主要包括专业综合发展和培训方案制订。培训方案模块如图 8 - 14 所示，主要包括推荐培训课程的课程列表。基于教师的基本信息、培训学习习惯、教科研情况以及其他情况（进修、跟岗、顶岗、培训、学术会议、研讨、调研等），分析其学习习惯和个人特点，从而有针对性地为教师制订培训方案。采用较为成熟稳定的协同过滤推荐算法综合分析并精准制订培训方案，是满足教师培训机构为教师智能化制订培养方案的部分体现。

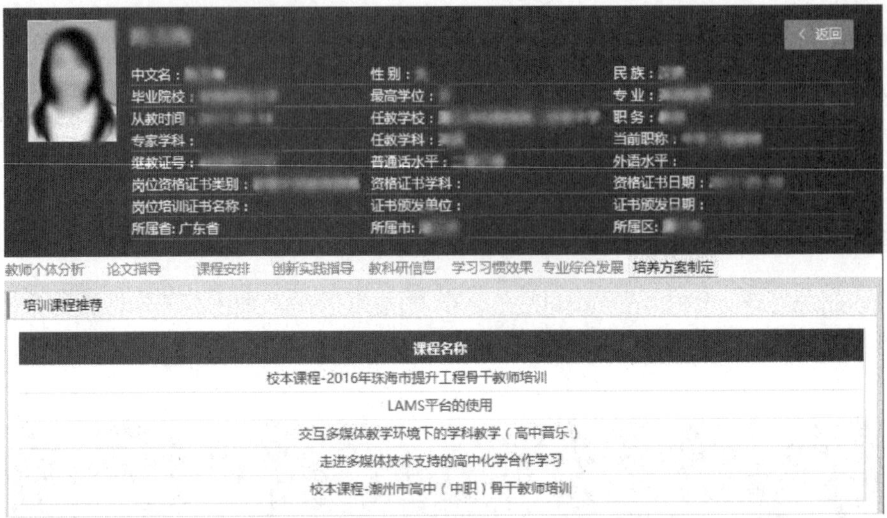

图 8 – 14　培养方案呈现样例

（三）综合分析与辅助决策呈现效果

综合分析与辅助决策模块包括教师基本信息综合分析、教师专业水平分析、教师发展建设分析。例如教师基本信息综合分析包括指数分析、对比分析等，指数分析（如图 8 – 15 所示），包括各个市的教师综合指数和指数详情。全省教师综合分析报告（如图 8 – 16 所示），包含数据概况、教师基本情况分析、教师专业水平分析等，充分利用地图、柱状图、折线图、多维柱状图等呈现形式，快速形成数据准确、图文并茂的综合分析报告，供各级教师发展管理部门参考，是满足教师发展管理部门快速获取全省教师综合指数和教师发展分析报告的部分体现。

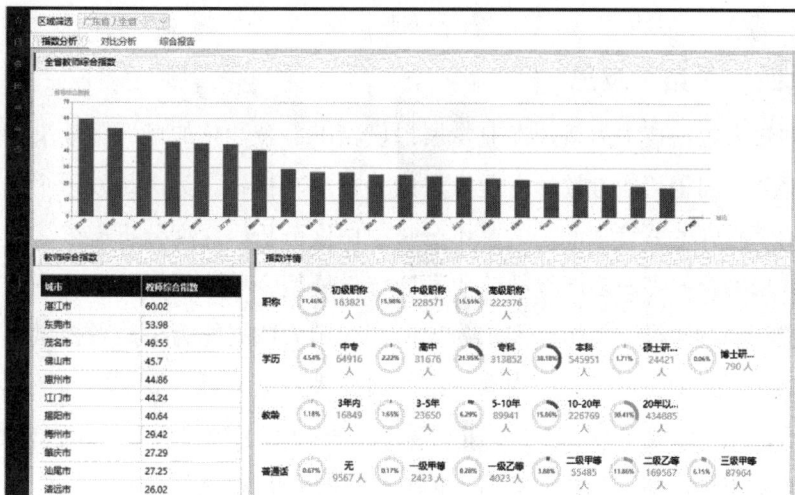

图 8 – 15 教师综合指数分析

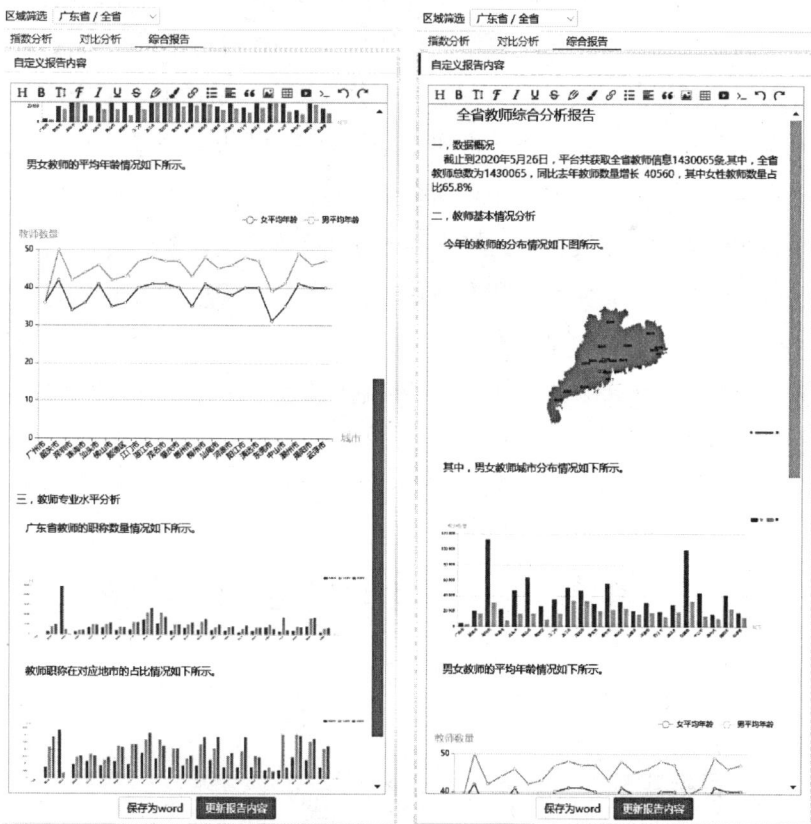

图 8 – 16 全省教师综合分析报告

（四）总结与反思

利用大数据技术为教师专业发展提供精准、个性化的培训服务决策，是亟待探索的问题。通过教师专业发展的分析需求探讨，为满足教师个体、培训机构、教师发展管理部门的基本分析、中度分析、深度分析需求，构建基于大数据融合的多源多层教师专业发展分析模型，并按照该分析模型建成分析系统。经过探析，表明以需求为导向，利用大数据能为决策者提供精准分析结果，研究方法可行；所构建模型能适应多数据来源，能支持和呈现多维的分析，模型结构合理；多形式、多渠道、多维度呈现分析结果，直观形象，呈现效果明显，在一定程度上满足各个层次的分析需求。

但模型还存在一些不足，未来将围绕以下三个方面进行改进和完善：一是优化数据源。研究所用数据来源于信息系统已有数据，只能对原有数据进行清洗、聚类、分析，数据质量、数据分析维度受到已有数据的限制，为了解决这个问题，项目组已研究并形成具体数据采集内容，同时集成到系统进行有针对性的教师发展数据采集，以优化数据源。二是增加教师个体分析维度。受数据源制约，专业能力分析和专业能力评定分析的维度较少，维度综合性也有待进一步提高，下一步将结合优化后的数据进行更合理聚类，按聚类结果设立各类教师发展数据的权重，形成更完善、更合理的教师个体分析，并增加分析维度。三是完善教师发展培养方案模块。研究基于协同过滤算法实现培训课程推荐，课程推荐算法单一，推荐效果有待进一步提升。接下来项目组将集成更多的推荐算法，如基于规则推荐算法、基于效用推荐算法等，以完善培养方案模块。

第三节　课程创新：粤港澳校园智能消毒机器人

一、案例简介

（一）目标实现

通过与当前防控新冠肺炎疫情结合，引导学生制作 AI 抗疫作品，致敬抗疫英雄。该案例实现了以下目标：

（1）实现人工智能知识的学习与体验：在人工智能丰富体验实践活动的基础上，培养学生的编程与计算思维。以实际生活中抗击疫情这一真实问题为导向，以人工智能相关知识为背景，以编程技术为基础，以智能硬件为载体，综合多学科知识，学生自主或小组合作设计能够帮助防控疫情的文案设计类、创意编程类、智能搭建类作品，解决校园疫情防控中的实际问题。

（2）实现大湾区 STEAM 教育实践共同体教学模式的实践探索：本项目融入港澳学校 STEAM 课程实践特色和信息技术应用方式，探索出基于 STEAM 教育理念的大湾区"跨区域、跨学校、跨年级、跨学科"的"共师、共生、共享、共发展"的"四跨四共"的粤港澳 STEAM 课程混合教学模式。"四跨"情况：跨区域（广州、深圳、香港）；跨学校（广州市天河区天府路小学、深圳市龙岗区麓城外国语小学、香港明爱屯门马登基金中学）；跨学段（小学、初中）；跨年级（四至七年级）。

（3）培养学生家国情怀——志存高远与民族自信。

（二）"四共"情况

1. 共师设计

每次课后都会开展一次专家和三校教师协同的在线研讨会。三校教师分别对课程的设计进行介绍，三校教师聆听、学习各校教学设计的思路和亮点，启发、碰撞灵感，也会将他校部分内容运用在本校课堂中。例如：天府路小学在第一节通识课中运用了麓城外国语小学一段《消毒方法奇思妙想》的视频。在交流环节中，三校教师根据自己感兴趣或不懂的地方互相请教、互相学习。最后邀请专家综合三校课程开展的情况提出改进建议，促进各校课程迭代。

2. 共生设计

在成果汇报课中，三校参与课程的师生相聚线上课堂，协同课堂同步教学，天府路小学的主讲教师详细介绍了三校学生作品制作的思路。随后，三校学生以小组或个人的形式介绍自己的作品，分享作品制作中运用的编程、激光切割等技术，以及遇到的困难和收获。每个学生分享完后，其他学校师生提问，三校师生互相讨论、交流、分享，了解彼此作品的优点，收获改进的方案和建议。

3. 共享设计

建立三校课程群，三校资源共享。每次上课之前，三校都会提前三天将本校课程设计、PPT、教学素材等资料在群内分享，供三校教师下载、学习。

维护"双平台"，多校资源共享。每一次课结束之后，三校负责维护平台的教师将本校课程的教学设计、PPT、教学素材、教学反思等资料上传至平台，与社区其他学校的教师共享。

4. 共发展设计

教师在同一课题下、同一方向下共同复盘，在探讨过程中相互学习各自优秀的经验，并将整合的创意想法实践于下一节课，实现优势互补。不同学校的学生之间展开科研探究与科研竞速，体会创新学习、项目研发和分享交流的快乐。

二、案例涉及的学科知识

该案例涉及 STEAM 与智能机器人制作的相关知识，具体如表 8-1 所示。

表 8-1　案例涉及知识

STEAM 分类	科学（S）	技术（T）	工程（E）	人文（A）	数学（M）
教育目标	通过教师的讲解让学生了解人工智能技术在防控疫情中的应用	根据项目主题，综合利用相关软件或材料设计并制作出简单的作品	学生以人工智能相关知识为背景，利用编程软件及相关思维，综合多学科知识，在教师的指导下，自主或小组合作设计完成能够帮助防控疫情的理念类、编程类、机械类作品，并通过多媒体课件、视频、报告等多种方式与同伴交流、展示	学生通过自主学习或小组协作探究完成项目任务，提高动手操作能力、编程能力、团队合作能力、交流沟通能力及创新、创造能力，初步形成完整的编程成果	学生将数学知识运用到作品制作中，帮助解决作品制作中的问题

（续上表）

STEAM分类	科学（S）				技术（T）				工程（E）				人文（A）			数学（M）		
知识分类	病毒传播途径	红外线传感器	电池串联	消毒液溶解	编程语言的选择	思维导图创意	PPT解说	算法学习流程图	机器人搭建	视频制作	传送带度数调整分类讨论	形状与结构	三视图	外观美化	编曲、节奏、节拍	图形的放大与缩小	三视图	图形的旋转
对应教材	教科版小学科学四年级下册第三单元	人教版物理八年级上册第二单元	教科版小学科学四年级下册第一单元	教科版小学科学四年级上册第二单元	广州市小学信息技术教材第三册第二单元	广州市小学信息技术教材第三册第一单元	小学思维社团选修课程教材	框图的初步算法	人教版四年级上册第五单元		部编版小学科学一年级下册第三单元	教科版小学科学六年级上册第二单元	岭南版美术四年级下册第二单元	岭南版美术五年级下册第四单元	小学各年级音乐教材	人教版小学数学六年级下册第四单元	人教版小学数学五年级下册第一单元	人教版小学数学五年级下册第五单元

三、案例活动设计

表 8-2 项目式学习活动设计

项目学习六个环节	教师活动	学生活动	学生活动评价	活动设计意图及资源准备
情境导入现实世界与社会发展的问题	1. 多种方式回顾、再现真实问题情境，激发学生的课程热情和动力：通过与当前防控新冠肺炎疫情结合，引导学生制作 AI 抗疫作品，致敬抗疫英雄 2. 明确学习目的：以人工智能相关知识为背景，以编程技术为基础，以智能硬件为载体，通过人工智能知识的学习与体验，制作 AI 抗疫机器人，解决校园疫情防控中的实际问题，培养学生的家国情怀	1. 观看《AI 在医疗一线》《AI 在社会领域》《消毒方法奇思妙想》等相关视频，展开讨论 2. 学习范例作品设计思路，主要包括外观设计及功能设计两大方面，引入三视图的定义及绘制步骤	1. 学生通过观看视频，直观了解人工智能在抗击疫情中的应用，激发学习的积极性和主动性 2. 学生交流讨论驱动性问题，可以交流想法，促进互相学习，拓展学习思路 3. 学生对真实情景有进一步了解，能够积极思考，为校园防疫贡献自己的一份力量	1. 用直观的例子，唤醒学生关于疫情中 AI 技术应用的回忆；通过对话互动，引导学生进一步活跃思维 2. 通过对项目的简单介绍，让学生对本项目的学习内容、要求有比较清晰的认识 3. 学生课前已经完成了问卷调查，写下了自己的金点子，通过观看视频，了解其他同学的金点子，拓展思维，启发自己想出更多的校园防疫金点子

（续上表）

项目学习六个环节	教师活动	学生活动	学生活动评价	活动设计意图及资源准备
项目选题与小组分工	1. 明确项目选题和作品要求 2. 介绍课时安排 3. 讲解作品要求 4. 明确作品评价	1. 各校按照研究基础及研究背景确定选题 2. 根据选题，组建队伍	1. 完成选题，明确职责与分工 2. 了解研究项目的流程与方法	学生通过不同选题分组对项目作品进行初步构思，让学生体验团队合作的重要性
协作设计方案	教师引导学生通过分组协作设计方案： 1. 出示作品设计思路：外观设计、功能设计 2. 展示具体的案例 3. 解析三视图的定义以及绘制步骤	1. 交流讨论 2. 分组协作设计方案	1. 了解课程整体设计思路，明确课程的整体学习目标 2. 举一反三，对一个具体案例进行细致学习和研究，帮助学生进入自己的作品设计 3. 了解并学会运用三视图这一辅助工具，帮助后期成果输出	学生基于跨学科知识，进行小组讨论，初步设计项目报告书
探究修改方案	引导学生通过网络查找相关资料，然后进行小组交流，完善自己的方案设计	小组交流→发现问题→进一步完善设计方案→确定方案	检验方案是否合理，是否符合协同校的基础及地域环境	培养学生发现问题、解决问题的能力

（续上表）

项目学习 六个环节	教师活动	学生活动	学生活动评价	活动设计意图及 资源准备
实施方案 与作品制作	教师初步讲解作品类型、编程程序和作品雏形	学生以人工智能相关知识为背景，利用编程软件及相关思维，综合多学科知识，在教师的指导下，自主或小组合作设计完成能够帮助防控疫情的智能消毒车	根据各个小组设计的方案，对照进度分项目进行评估	这是课程最重要的一个环节，考验学生解决问题的能力、组员间的协调配合能力
作品交流 展示与 评价迭代	展示汇报：要求精选优秀项目成果，通过课件展示、实物介绍、口头演讲三种途径，汇报项目成果、经验收获	问答交流：学生可对项目成果展示提出疑问、完善建议等，展示学生回应，互动交流	1. 交流中要有反思，有收获，有提高 2. 项目研究成果有创新、研究方案值得推广	搭建 STEAM 教育实践共同体学校合作平台。通过交流展示，回顾与反思研究过程，促进参与校间的学习和交流

四、课程的实施

　　STEAM 课程"AI'战'疫情学英雄"，共有 50 名教师参与课程开发设计，课程实施周期为 4 周，本课程实施模式为"四跨四共"教学模式。"四跨"：跨区域（广州、深圳、香港）；跨学校（广州市天河区天府路小学、深圳市龙岗区麓城外国语小学、香港明爱屯门马登基金中学）；跨学段（小学、初中）；跨年级（四至七年级）。四共：共师、共生、共享、共发展。本课程采用共师共生协同策略，四校教师和学生在统一上课平台，统一 STEAM 课程主题、框架下由各校教师采用同课异构的方式完成课堂教学。本课程采用网络集体备课研讨，资源共建，资源共用，成果共享。

（一）课程确立开发

本课程是在四年级主题课程"AI 大冒险"基础之上延伸出的子项目，原始课程在寒假、抗击疫情宅学期间已进行，主驱动性问题为："运用人工智能相关知识，能给我的家庭学习生活带来哪些新的改变？"结合当前全国抗击防控新冠肺炎疫情这一事实，诞生了此课程内容，驱动性问题为："运用人工智能知识，能给我们的疫情防控带来哪些帮助？"课程主题确立后，首先通过大湾区 STEAM 教育实践共同体平台发布招募，寻求"AI'战'疫情学英雄"课程合作校，最后成立了由广州市天河区天府路小学、深圳市龙岗区麓城外国语小学、香港明爱屯门马登基金中学组成的跨区域共同体；其次，通过线上会议组织召开合作学校课程负责人联席会，确定合作项目与基本方式；最后，三所学校在校内发布课程招募令，组织四年级至七年级学生报名参与。

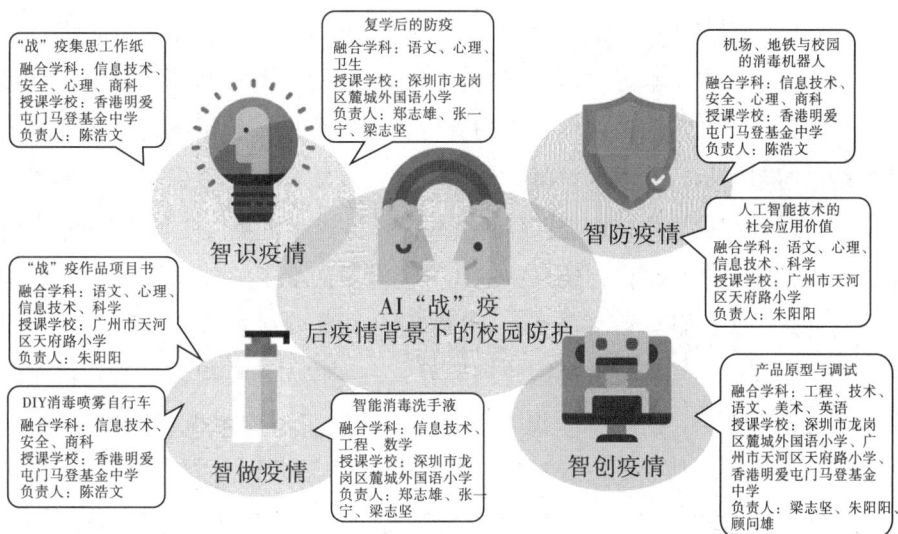

"战"疫集思工作纸
融合学科：信息技术、安全、心理、商科
授课学校：香港明爱屯门马登基金中学
负责人：陈浩文

复学后的防疫
融合学科：语文、心理、卫生
授课学校：深圳市龙岗区麓城外国语小学
负责人：郑志雄、张一宁、梁志坚

机场、地铁与校园的消毒机器人
融合学科：信息技术、安全、心理、商科
授课学校：香港明爱屯门马登基金中学
负责人：陈浩文

人工智能技术的社会应用价值
融合学科：语文、心理、信息技术、科学
授课学校：广州市天河区天府路小学
负责人：朱阳阳

"战"疫作品项目书
融合学科：语文、心理、信息技术、科学
授课学校：广州市天河区天府路小学
负责人：朱阳阳

DIY消毒喷雾自行车
融合学科：信息技术、安全、商科
授课学校：香港明爱屯门马登基金中学
负责人：陈浩文

智能消毒洗手液
融合学科：信息技术、工程、数学
授课学校：深圳市龙岗区麓城外国语小学
负责人：郑志雄、张一宁、梁志坚

产品原型与调试
融合学科：工程、技术、语文、美术、英语
授课学校：深圳市龙岗区麓城外国语小学、广州市天河区天府路小学、香港明爱屯门马登基金中学
负责人：梁志坚、朱阳阳、顾问雄

智识疫情　　智防疫情　　智做疫情　　智创疫情

AI"战"疫
后疫情背景下的校园防护

图 8 - 17　课程模块结构

1．"智识疫情" 主题

"AI'战'疫情学英雄"课程建立在抗击新冠肺炎疫情这一真实问题情境之上，如何正确认识疫情现状，如何科学协助复学后校园疫情防控，成为本课程的主驱动性问题。三所共同体学校从学校及学生特点出发，通过多种

方式回顾、再现真实问题情境，激发学生的积极性和动力：天府路小学学生通过观看《AI 在医疗一线》《AI 在社会领域》《消毒方法奇思妙想》等相关视频，交流讨论：人工智能能给我们的校园疫情防控带来哪些帮助？发布本课程学习任务及《课程项目报告书》，随后展示一范例作品设计思路，主要包括外观设计及功能设计两大方面，引入三视图的定义及绘制步骤；麓城外国语小学教师针对学生即将返校复课的实际情景，对学生关于校园防疫如何做到更安全的防护进行问卷调查。教师对问卷结果进行整理汇总，采访校医在学校防疫方面的压力和困难，并制作成视频。在上课过程中教师带着学生了解学校的疫情防控措施，启发学生思考学校疫情防控措施的优缺点，并绘制成思维导图。在学生一步步地交流讨论中，引出校医的烦恼，师生一起探究如何解决同学接触消毒液这一个问题。最终得出解决方案。香港明爱屯门马登基金中学通过《"战"疫集思工作纸》对复学后学生、教职工的防疫难题进行调查讨论，进而引发思考：如何利用人工智能及科技解决学校在复课时所面对的困难。

2. "智防疫情" 主题

在明确 "AI '战' 疫情学英雄" 课程主题后，各校参与学生开始进行课程选题及分组，主要确定的两大选题方向为校园智能消毒和其他校园防疫活动。天府路小学教师对课程项目书的部分内容进行梳理和讲解，并通过学生范例的讲解与展示，让学生对挑选作品类型以及编写项目报告书有更加清晰的了解；通过前置学习，设想创作具体作品，进一步讲解功能与外观的结合，画出作品三视图进行制作；通过实验、微课学习初步了解 "语音识别" 基本原理，通过相关软件学习关于 Scratch 编程在语音识别方面的具体应用和操作。麓城外国语小学从校医的困扰问题导入，为校园防疫出谋划策：首先以一个装置模型为例，引导学生思考一个完整的装置不仅包括传感器等元件，还必须用木板或者其他支撑材料固定，如果有传动设计，还需要加上牵引绳等；其次由美术教师带领学生学习绘制作品的平面设计图，并根据设计图，开始搭建硬件，各小组及时汇报搭建进度，共享各自遇到的问题和解决问题的方法，相互交流提升。

3. "智做疫情" 主题

学生进入作品设计制作环节，三校依据《课程项目报告书》、三视图、《产品说明书》、《外观设计图》等进行作品设计制作：天府路小学利用三视图作为外观设计的重要辅助手段；以 Scratch 为例，引用学生程序作品，说明流程图在编程中起到的不同的过程性作用，并从生活中的流程图入手，再逐步推进到计算机流程图的认识，使学生了解计算机流程图简洁明了、逻辑性强等特点，同时初步了解计算机流程图的绘制标准与常用符号。麓城外国语小学根据目前各个小组完成的作品情况进行测试。在测试中发现问题，再不断完善作品功能设计和调整搭建结构，在这一过程中发现传感器组装接线和编程是学生学习的难点。

4. "智创疫情" 主题

学生继续进行作品探究制作，主要是完善部分图形化编程及美化，所用编程软件有 Scratch、Python、C＋＋、Mind＋等。天府路小学教师一对一线下辅导学生，完善作品，除对课程设计作品进行技术指导外，还对学生即将面临的成果展示活动进行演讲指导。麓城外国语小学通过举办产品发布会，带领学生还原现实场景，从实际问题出发进行产品发布、设计解决方案、进行产品的升级与创新，让学生在舞台上充分展示三周来的所学所获。

（二）成果展示汇报

三校共同参与作品展示交流活动，通过线上视频会议方式进行作品成果汇报，主要环节为成果展示与说明、互动评价、总结提升。在本次 STEAM 整合性项目课程中，各学校都达成了统一的教学实施共识，在同课异构框架下开展了具有各自学校特色的实践活动，具体的实施框架如图 8－18 所示。

学生学习历程	三校教研共识	跨校教研后的课程实施		
真实情境引入	视频情境激发真实问题再现	视频交流人物讨论	视频问卷讨论	校工难题调查交流
项目选题协作分组	智能消毒校园活动	智能消毒车 智能作业消毒机 智能隔离机器猫 智能问诊	自动洗手消毒装置 保持距离机器人	喷雾机器人 LARA机器人
作品设计方案	作品创意书设计图	项目报告书三视图	产品说明书外观设计图	项目报告书
作品探究制作	图形化编程+美化	Scratch Python C++	Cocoblockly Mind+	MBot
作品展示交流	学习课程视频资源作品成果汇报会	成果展示与说明 ➡ 互动评价 ➡ 总结提升		

图 8－18　课程实施流程

　　本课程结合当前校园疫情防控这一真实情境，教师引导学生将驱动性问题进行调整：人工智能知识，能给我们的校园疫情防控带来哪些帮助？采取情境导向教学法，以及线上线下相结合的教学手段，提高学生学习人工智能知识的兴趣。通过 Scratch 等简单的图形化编程工具，学生尝试完成人工智能相关作品，促进多学科知识能力发展，跨越学科界限，采取资源的整合及学科融合，使"AI'战'疫情学英雄"课程成为融合科学、数学、工程、技术、艺术等多学科知识的 STEAM 教育课程。

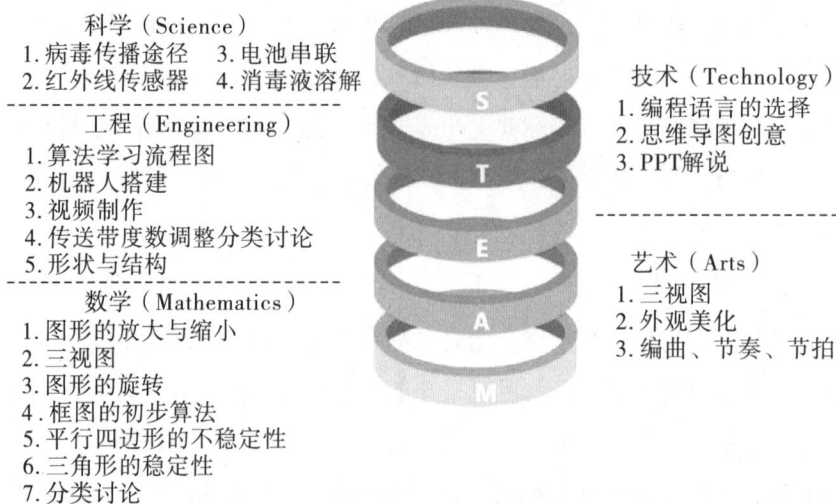

科学（Science）
1.病毒传播途径　　3.电池串联
2.红外线传感器　　4.消毒液溶解

工程（Engineering）
1.算法学习流程图
2.机器人搭建
3.视频制作
4.传送带度数调整分类讨论
5.形状与结构

数学（Mathematics）
1.图形的放大与缩小
2.三视图
3.图形的旋转
4.框图的初步算法
5.平行四边形的不稳定性
6.三角形的稳定性
7.分类讨论

技术（Technology）
1.编程语言的选择
2.思维导图创意
3.PPT解说

艺术（Arts）
1.三视图
2.外观美化
3.编曲、节奏、节拍

图 8-19　STEAM 教育课程内涵

五、课程的实施效果

（一）共同体"四跨四共"模式的实践探索

　　三所共同体学校的学生共进行了四次学习，基于学校的线上辅导及课堂交流若干次。"AI'战'疫情学英雄"STEAM 课程以人工智能学习为出发点，三所共同体学校采用同课异构的方式展开学习。三校教师参与各类型交流活动 7 次，教师制作原创微课视频 5 个，内容涉及课程前置小调查、AI"战"疫奇思妙想、三视图辅助外观设计、功能设计指导、传感器安装使用等多个方面，对学生进行全程性的多角度指导。

（二）学生经历多种学习实践形态，多种能力得到积极发展

"AI '战'疫情学英雄"STEAM 课程使学生经历了技术性、探究性、审美性、协同性等多种学习实践形态，学生运用 Scratch、乐高等编程软件进行作品设计，以个人或小组为单位提交完成项目 26 项，作品涉及智能消杀、测温问诊、风险预测、知识普及等多个疫情防控领域。学生的逻辑思维、解决问题能力、交流沟通、团队协作、融合创新能力和信息素养得到明显提升。

课程分为"智识疫情、智防疫情、智做疫情、智创疫情"四个主题。在基于 STEAM 理念的整合性教学项目模式（STEAM – iPBL）框架下，按照学科分析、整合设计、实验项目、作品制作、完善优化五个环节开发课程，"AI '战'疫情学英雄"课程的实施周期为 1 个月。结合当前校园疫情防控这一真实情境，教师引导学生将驱动性问题设定为：人工智能知识，能给我们的校园疫情防控带来哪些帮助？以此真实问题为导向，学生以人工智能相关知识为背景，以编程技术为基础，以智能硬件为载体，综合多学科知识，自主或小组合作设计完成能够帮助防控疫情的文案设计类、创意编程类、智能搭建类作品，解决校园疫情防控中的实际问题。

第四节　评价创新：初中英语 "以学为中心" 的智能评价

一、以"学为中心"的理论源流

（一）"以学为中心"现状研究

"以学为中心"是美国人本主义心理学家卡尔·罗杰斯于 20 世纪 50 年代提出的教育理念（李嘉曾，2008），"以学为中心"可以引申为以"学生"为中心、以"学习"为中心或者以学生这个"整体"为中心（邓李君等，2020），这个概念是与"以教为中心"相比较而提出的。

早在 20 世纪 50 年代，心理学界就提出了人本主义心理治疗理论，倡导"以当事人为中心"的心理治疗方法。从心理学的角度分析，人本主义跳脱出以往将人看作机器或具有固定思维定式的研究取向，而是将人作为具有发展潜能和变化人格特性的研究对象，尊重人的价值、发挥人的潜能。尊重、

相信、关心人（燕国材，1989），是人本主义心理学的核心思想。从哲学的角度分析，内因是事物变化发展的根本依据，外因是事物变化发展的产生条件，事物的变化发展主要由内部因素起作用，因此，以人的根本利益为出发点和归宿点（宋德孝，2008），是人本主义甚至是超越此概念内涵的马克思主义以人为本的哲学诉求。

不管是社会学、心理学、教育学，其所研究的对象和施加影响的实体都是人本身，所以跳脱了人的主体性而去讨论事物的发展是不可取的，有效的语言教学不应违背自然过程，而应适应自然过程（Corder P，1981）。为了避免学生在英语学习中成为消极接受者，英语教学的首要任务是"学"而不是"教"（应惠兰等，1998）。因此，即使随着信息技术的发展，技术赋能于人以更加全面的发展能力，但是"以人为本"的中心思想是不会发生改变的。

（二）技术观下"以学为中心"的教育内涵

由于产业发展对人才批量化培养的需求、标准化班级授课制的规模扩大以及社会技术训练的诉求（刘献君，2012），如今"以学为中心"的思想受到忽视。2020 年，《深化新时代教育评价改革总体方案》的提出，使得对学生综合性评价及促进学生自主发展的诉求日益增强，智能技术的出现进一步为客观的、科学的教育评价方式提供了支撑。进入 21 世纪，信息时代逐渐向智能时代过渡，人工智能技术的突飞猛进赋予了人类以更加突出的行为表现。在教育领域，智能技术赋能教育发展，催生了智慧校园、智能关系系统、智能语音分析、智能视频识别、自适应学习等概念。

质量被视为教育的生命线，通过评估，督促教育水平提高，是保障教育质量的有效措施（罗晓燕等，2007）。"以学为中心"的评价既是原因，又是过程，也是目的。在智能化的虚拟与实体环境中，需要学生主动参与学习过程，智能技术可对学生行为、情感变化、能力发展进行分析，在教与学的互动中形成大量数据，采用智能性分析算法可以计算得到不同学生的个性化能力发展情况，教师可以根据不同层次的学生开展有针对性的教学策略，进而促进学生的自主学习意愿。可以说，技术重新塑造了现代社会的教与学方式。

二、智能技术支撑"以学为中心"的评价模式

在对人本主义学习理论及相关文献的梳理下，本书提出了智能技术支撑

的"以学为中心"的初中英语评价模式。"以学为中心"的评价关键是把学生的英语学习引入智能平台，将学生看作发展的整体，赋予学生充分自主权，通过"评作为学—以评促学—学的评价"的发展路径，形成学生阶段式的自主发展路径模式。

（一）评作为学（AS）

评作为学（Assessment as Learning），即以评价结果作为学习发展的目标。学生将智能平台作为一种学习工具，平台所提供的"学""做""练"三大训练模块帮助学生充分巩固知识体系，在学习过程中产生行为数据。这个方面包含两部分内容：①基于学生自适应，学生基于数据表现进行自适应调整，自适应的结果来自学生对其在学习平台表现的自我评价和他人评价；②基于学生对比，学生基于其自身的历史数据、分析标准或典型案例进行评价。学生以学习的表现与他人或自己进行对比，认清差距，从而进行调整。

（二）以评促学（FOR）

以评促学（Assessment for Learning），即以学习结果作为反馈，促进学习表现的进一步提升。针对初中英语教学，智能平台包含初中英语课标规定的24个话题模块与初中英语语言基础知识，学生在教师的引导下开展自主学习，学生在智能平台的表现形成反馈，教师以反馈信息为根据进行个性化教学。学生在课程规定的资源中学习，过程中也形成了生成性学习资源，为后续的教与学过程提供支持，具备生成性特点。

（三）学的评价（OF）

学的评价（Assessment of Learning），即为了促进自主学习能力及其相关素养发展而进行的评价过程。以智能平台作为认知路径，在充分学习课标所要求的语言能力基础上，促进学生按学科核心素养要求不断进步，形成智能平台支撑的英语学科全过程与全素养智能化评价。智能平台已经不是学习对象或者学习工具，而是一种认知路径，以平台为路径，通过全过程评价与素养培养，提高育人效果，促进学生思想、意识的养成。

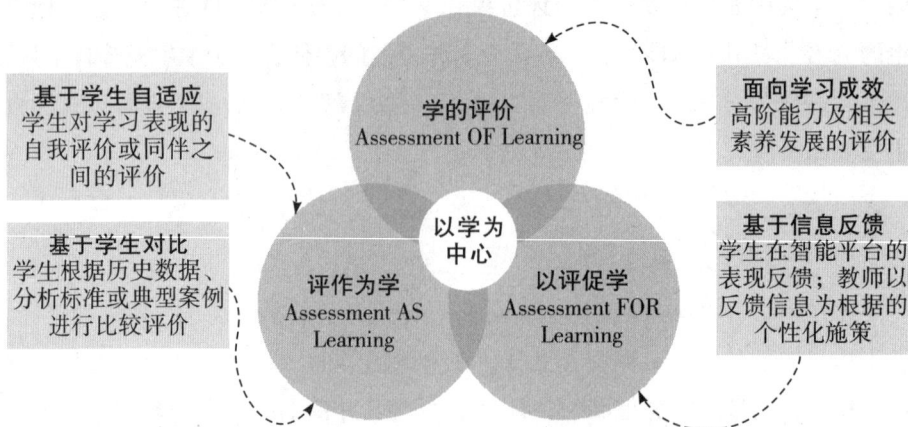

图 8 - 20 　"以学为中心"的评价模式

三、智能技术支撑的"以学为中心"的评价过程

面向初中英语的"以学为中心"的评价过程，以智能平台作为支撑手段，分为评作为学、以评促学、学的评价三种学习评价过程，进而促进学生的能力发展。

（一）评作为学阶段

在使用平台过程中形成了综合数据（如图 8 - 21 所示），包含班级、主题、训练模块和学生个人，按时间进度实现发展趋势的可视化呈现。对学生个体的训练得分进行可视化比较，指出了学生成绩的最高分、最低分、中位数、平均数和标准差，更加细致地展现了学生的发展情况。综合数据还包括完成度走势、成绩波动走势、成绩分数段、周均练习时长占比，可动态分析每个班级的整体表现，进而实现协同分析，指出各自在不同方面的优势与不足，为后续优势互补提供数据支撑。

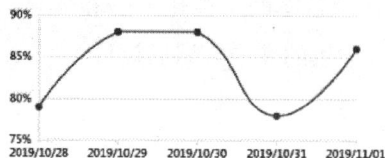

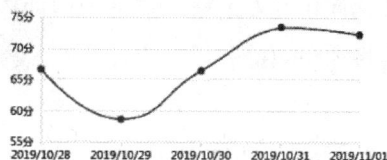

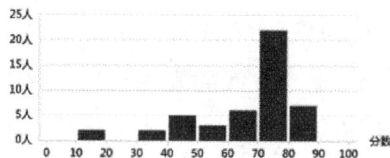

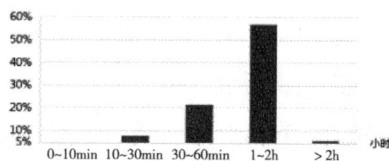

图8-21　班级综合数据表现

（二）以评促学阶段

以评促学加入了教师变量，教师根据学生的数据表现，个性化地调整教学计划和策略。根据课前细化和量化的教学目标，教师在课堂教学过程中基于量化目标采用基于平台的教学资源库，开展基于多种媒体和互动形式的多元互动教学。同时根据学生在课中的表现进行测量，测量维度主要聚焦于学生能力发展，包括基础能力和强化能力两方面，基础能力包含词汇、语法、听力、口语、阅读、写作，强化能力包括综合知识运用、进阶听力、进阶口语、进阶阅读、进阶写作，根据学生的表现对学生进行分层和聚类。该过程采用 K 均值聚类对学生进行聚类，如为学生设置基础训练层级和进阶训练层级，根据学生的课堂表现即可分出两个层次的学生规模。

根据课中的教学流程进行基于平台的精细化数据采集和分析，开展课后评价和预测。评价部分，即进一步验证学生基于最大期望算法的匹配模型内容，进一步细化和量化知识图谱中的知识模块；预测部分，即统合学生课前学习数据、课中测试数据和匹配模型，进行群体、共同体的学情分析，从而进行学生个体和共同体群体画像，并提出优化策略。该部分数据分析与预测采用马尔科夫链算法，根据学生在课前、课中、课后的不同状态，计算器转移概率，制定出符合学生个性化发展的随机漫步路径（如图 7 - 8 所示），即个性化优化发展策略，在平台中即体现为智能题库的个性化出题和辅导，进一步将知识图谱和学生个性化匹配模型融入学生的课中、课后评价。

（三）学的评价阶段

学的评价更加关注学生的能力发展与核心素养的培养。根据《初中英语课程标准》中对学生能力发展的要求及内容界定，智能平台学习资源包含 24 个主题的课标话题（如人际交往、卫生与健康、饮食、购物等）和测试维度（如数词、感叹句、祈使句、冠词、名词、代词等），每个模块都有学生在口语、词汇、视听说、写作、语法、阅读、听力七个方面的表现数据。智能平台针对学生在每一个主题模块的学习产生评价或行为记录，该记录与学生个人的基础信息、学习偏好、爱好产生了匹配，形成匹配模型。

根据匹配模型（如图 8 - 22 所示），建立初中英语不同发展能力、内容模块的学习团队，学生在参与本校、本班级课堂学习活动的同时，利用智能平台进行自我分析、自我量化，与平台上不同学校的同学和老师进行网络协同学习与实践。

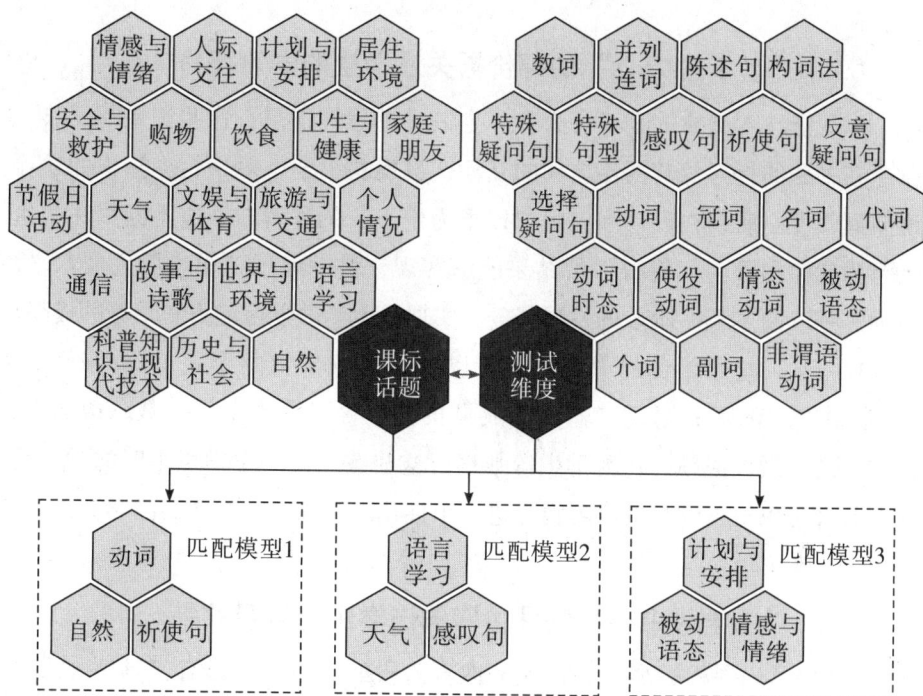

图 8-22　细化目标与基于最大期望算法的学生匹配模型

四、"以学为中心"的评价实施策略与示例

（一）"以学为中心"的评价需关注学生的主动性

教育的根本问题是关注人、教育人、发展人，通过教师的引导促进学生的主动发展，"以学为中心"依托人本主义心理学的理论而形成，符合学生的发展规律。学生在认知中会产生图示变化、同化、顺应和最近发展等一系列认知变化，这些变化符合其认知规律，所以在设计和实施"以学为中心"的评价时，应关注学生的主动性，尤其是英语学科，语言是使用者主动使用从而掌握的一门技能，需要学生自主学习、主动发展。

E-class 智能平台提供"强化训练""翼课读库""趣味配音""达标检测"等多种学习模块，在案例 *King of the Hill* 的"趣味配音"片段中，教师可以引导学生在课堂中以两人为一组进行配音训练，在生动有趣的配音中还能够让学生掌握"poetry""haiku""stretching""syllables"等生词，课后学生还能自行组队进行配音训练，提高学生学习的主动性。

（二）"以学为中心"的评价需关注学生的学习行为

以智能技术支撑的学习行为会产生诸多过程性记录，这些记录既反映了学生在平台的行为及其同伴之间的互动，也反映了学生对平台上知识的学习和掌握程度。所以在设计和应用"以学为中心"的评价时，应不断关注学生的行为规律和倾向，使得评价结果能够客观、科学地反映学生的发展水平，从而进一步制定下一阶段的发展任务，实现学生英语学习能力和素养的提高。

E-class智能平台的学习数据可以"学情分析"的形式呈现，还可以"模块检查"的形式呈现，输出的成果报告包含了学生参与人数、达标率、首次成绩、最佳成绩、优秀学生等数据，这些数据记录了学生平时的学习情况，教师可以根据学生的学习情况进行个性化的施策，从而提高教学效果。

（三）"以学为中心"的评价需关注学生的学习效果

《初中英语课程标准》指出义务教育阶段的英语课程具有工具性和人文性双重性质，其基本理念更加注重对学生素质的教育，通过优化评价的方式，提高学生的自主学习能力，着重提升学生的语音技能、语言知识、情感态度、学习策略和文化意识，以提升综合语言运用能力为最终目标。因此，在实施"以学为中心"的评价过程中，应更加关注学生的学习效果，以研究模式中的三个方面作为路径不断培养学生的能力，并基于智能分析平台进行数据的横向和纵向对比，提高教学实效。

E-class智能平台为教师和学生提供了符合《初中英语课程标准》训练要求的相应模块，在各模块训练中能够综合分析学生的英语综合运用能力。除此之外，该平台还为学生提供了多种资源的学习路径，如新闻听读、同伴对话、趣味配音、作文练习，例如在新闻案例 *Thai rescue worker saves baby elephant hit by vehicle* 中，以新闻阅读的形式为学生呈现保护动物主题的语料及训练模块，在提高学生综合运用语言能力的同时，也提高了学生的环保意识和人文关怀意识。

附 录

人工智能助推教师队伍建设调查问卷

尊敬的老师：

您好！本问卷共分五个部分，选项中没有正确答案，请依据您的实际情况进行真实的填答。以下内容仅供学术统计分析之用，我们将对您的个人资料进行保密。您的参与是对我们研究的最大帮助，衷心感谢您真实的意见！

第一部分　基本信息

1.1 性别（单选）：□男 □女

1.2 您的年龄（单选）：□25 岁及以下 □26～30 岁 □31～35 岁
　　　　　　　　　　　□36～40 岁 □41～45 岁 □46～50 岁
　　　　　　　　　　　□51～55 岁 □56 岁及以上

1.3 您的教龄（单选）：□10 年以下 □10～20 年 □20～30 年
　　　　　　　　　　　□30 年以上

1.4 您的最高学历（单选）：□大专 □本科 □硕士 □博士 □其他

1.5 所属地区（单选）：□广州市 □深圳市 □珠海市 □汕头市 □佛山市
　　　　　　　　　　　□韶关市 □湛江市 □肇庆市 □江门市 □茂名市
　　　　　　　　　　　□惠州市 □梅州市 □汕尾市 □河源市 □阳江市
　　　　　　　　　　　□清远市 □东莞市 □中山市 □潮州市 □揭阳市
　　　　　　　　　　　□云浮市 □省外地区

1.6 教学学段（单选）：□学前 □小学 □初中 □高中 □其他

1.7 主要任教学科（单选）：□语文 □英语 □数学 □信息技术 □科学
　　　　　　　　　　　　　□音乐 □美术技术 □生物 □政治 □道德
　　　　　　　　　　　　　□地理 □物理 □化学 □历史 □技术通用
　　　　　　　　　　　　　□体育 □综合 □其他

1.8 您是否同时也是学生学长：□是 □否

1.9 您是否同时也是学校的管理者：□是 □否

第二部分　人工智能建设与应用情况

2.1 您认为学校进行人工智能教育的重要程度如何（单选）：
　　□非常重要 □较重要 □一般 □不太重要

2.2 您认为学校教师对人工智能教育支持程度如何（单选）：
　　□非常支持 □较支持 □一般 □不太支持

2.3 您对学校进行或拟进行的人工智能教育感兴趣程度如何（单选）：
　　□很感兴趣 □较感兴趣 □一般 □不感兴趣

2.4 学校是否已经出台人工智能教育规划（单选）：
　　□是 □否

2.5 学校是否已经建立人工智能教育领导小组（单选）：
　　□是 □否

2.6 学校是否已经建立与人工智能教学相关的教研组（单选）：
　　□是 □否

2.7 学校是否配备人工智能相关设备、场室（单选）：
　　□是 □否

2.8 学校是否已经开发或正在开发人工智能相关校本课程（单选）：
　　□是 □否

2.9 学校教师中能够担任人工智能教学的人数占比大致为多少（单选）：
　　□10% □30% □50% □80% 及以上

2.10 目前学校人工智能类课程开设的情况如何（单选）：
　　　□暂无固定课时 □每周1课时 □每周2课时 □每周3课时或以上

2.11 人工智能课程内容主要来源于（单选）：
　　　□自主研发 □信息技术类统编教材 □社会购买 □其他

2.12 学校开展人工智能教学的主要方式包括（多选）：

□可视化呈现（如思维导图、Visio）　□编程语言教学（如 Python）

□图形化编程学习（如编程猫）　□开源硬件学习（如树莓派）

□创客教育（如智能小屋设计）

□STEM/STEAM 教育（如自然植物智能识别）

□物联网应用（如声音传感器的创新应用）

□其他类教学方式

2.13 目前已开设人工智能课程的内容包括（多选）：

□人工智能基本概念　□人工智能基础算法　□人工智能基础设备学习

□人工智能场景应用　□人工智能伦理道德学习　□机器人开发

□开源硬件开发　□其他

2.14 学校进行或拟进行人工智能教育的主要目的包括（多选）：

□促进学校教学质量　□促进教师专业发展　□促进学生综合素质发展

□紧跟社会发展趋势　□满足区域规划要求　□探索教学新模式

□革新教学方式　□其他

2.15 学校进行或拟进行人工智能教育的主要困难包括（多选）：

□缺乏明确规划　□设备、场室建设滞后　□缺乏专业指导

□师资不足　□经费不足　□学生没兴趣　□家长不支持　□其他

第三部分　智能教育环境

请依据您个人的实际情况，从右至左七个空格："非常同意"到"非常不同意"的选项中，勾选一个最符合自己的描述。

描述	非常不同意	不同意	有点不同意	普通	有点同意	同意	非常同意
3-1.1（硬件终端）您学校创建了可供师生开展创新学习的智慧课室	□	□	□	□	□	□	□
3-1.2 您的学校为师生配备了较丰富的智能终端（如开源硬件、传感器）	□	□	□	□	□	□	□
3-1.3 您的学校能让师生体验到丰富的人工智能设备（如智能机器人）	□	□	□	□	□	□	□

（续上表）

描述	非常不同意	不同意	有点不同意	普通	有点同意	同意	非常同意
3-2.1（软件平台）您的学校拥有可以支持师生开展创新教学的智慧教学软件、平台	☐	☐	☐	☐	☐	☐	☐
3-2.2 您的学校拥有自己的智慧教务管理平台、软件（如智能排课系统）	☐	☐	☐	☐	☐	☐	☐
3-2.3 您的学校拥有自己的校园综合管理平台、软件（如安全管理系统）	☐	☐	☐	☐	☐	☐	☐
3-3.1（教学空间）您的学校拥有自己的在线教学空间	☐	☐	☐	☐	☐	☐	☐
3-3.2 您的学校拥有支持教师录制在线课程的平台、设备	☐	☐	☐	☐	☐	☐	☐
3-3.3 您的学校可以利用在线教学平台进行线上教学和混合式教学	☐	☐	☐	☐	☐	☐	☐
3-3.4 您的学校师生可以在不同的终端访问在线教学平台开展教与学活动	☐	☐	☐	☐	☐	☐	☐
3-4.1（数据分析）教学平台记录了您的教学情况（如学生专注度、学生变化趋势等）	☐	☐	☐	☐	☐	☐	☐
3-4.2 学校的教学平台是否可以正确反映教师的课堂教学情况	☐	☐	☐	☐	☐	☐	☐
3-4.3 通过教学平台可以掌握学生的学习情况（如学习成绩变化趋势）	☐	☐	☐	☐	☐	☐	☐
3-4.4 学校的教学平台是否可以正确反映学生真实的学习特点和规律	☐	☐	☐	☐	☐	☐	☐
3-4.5 教学平台能够提供学生预警信息（如预测升学困难、学生问题）	☐	☐	☐	☐	☐	☐	☐

（续上表）

描述	非常不同意	不同意	有点不同意	普通	有点同意	同意	非常同意
3-4.6 学校的教学平台能够定期向您发布每个学生的发展报告	□	□	□	□	□	□	□
3-4.7 学校的教学平台能够定期向您发布您的课堂教学报告	□	□	□	□	□	□	□
3-5.1（资源接入）您能够通过教学平台、空间获取丰富的教学资源	□	□	□	□	□	□	□
3-5.2 学校的教学平台会定期向您推荐个性化的优质教学资源	□	□	□	□	□	□	□
3-6.1（网络覆盖）您可以在学校的任何地方上网	□	□	□	□	□	□	□
3-6.2 在教学过程中，一般不会出现网络问题	□	□	□	□	□	□	□

第四部分　智能教育教学应用

请依据您个人的实际情况，从右至左七个空格："非常同意"到"非常不同意"的选项中，勾选一个最符合自己的描述。

情况描述	非常不同意	不同意	有点不同意	普通	有点同意	同意	非常同意
4-1.1（G4）教学平台提供了学生的行为数据（如资源、活动情况等）	□	□	□	□	□	□	□
4-1.2 教师能够一定程度上通过数据了解学生的学习情况	□	□	□	□	□	□	□
4-2.1（G5）学校的教学平台能够采集功能应用、资源使用的数据	□	□	□	□	□	□	□

（续上表）

情况描述	非常不同意	不同意	有点不同意	普通	有点同意	同意	非常同意
4－2.2 学校的教学平台能够智能反馈师生平台情况、资源使用情况	□	□	□	□	□	□	□
4－3.1（B1）您能够利用教学平台的资源开展学科教学活动	□	□	□	□	□	□	□
4－4.1（B2）您能够应用教学平台中的资源开展模拟实验	□	□	□	□	□	□	□
4－4.2 您能够利用教学平台中的工具开展学科模拟实验	□	□	□	□	□	□	□
4－5.1（B3）学校的教学平台在一定程度上解决了您的教学问题	□	□	□	□	□	□	□
4－5.2 学校的教学平台为学生提供了一起解决问题的功能	□	□	□	□	□	□	□
4－6.1（B4）学校的教学平台能够展示学生的个人作品	□	□	□	□	□	□	□
4－6.2 学生的教学平台支持展示学生作品，并允许评论打分	□	□	□	□	□	□	□
4－7.1（B5）学校能够利用教学平台形成学生的个人数据分析报告	□	□	□	□	□	□	□
4－8.1（B6）学校对于学生评价，具有自己的一套评价方法	□	□	□	□	□	□	□
4－9.1（G6）学校为教师提供了基于校园环境的教学指导	□	□	□	□	□	□	□
4－10.1（G7）教师能够利用学校教学平台开展线上教研	□	□	□	□	□	□	□
4－11.1（G8）学校根据教学平台形成了自己学校独有的教学模式	□	□	□	□	□	□	□

第五部分　智能教育素养

请依据您个人的实际情况，从右至左七个空格："非常同意"到"非常不同意"的选项中，勾选一个最符合自己的描述。

情况描述	非常不同意	不同意	有点不同意	普通	有点同意	同意	非常同意
5-1.1（知识）学习人工智能非常有用	□	□	□	□	□	□	□
5-1.2 学习人工智能的关键是了解其基本概念、基本原理	□	□	□	□	□	□	□
5-1.3 了解一些人工智能的基础技术是十分必要的（如：Python）	□	□	□	□	□	□	□
5-1.4 了解一些人工智能知识是十分必要的（如：讲授《人工智能初步》的知识内容）	□	□	□	□	□	□	□
5-1.5 了解一些人工智能应用方法是十分必要的（如：语言识别技术纠正英语发音）	□	□	□	□	□	□	□
5-1.6 了解一些人工智能设备用法是十分必要的（如：智能教学平台的应用）	□	□	□	□	□	□	□
5-2.1（能力）通常一种人工智能方法可以解决多种问题	□	□	□	□	□	□	□
5-2.2 对于同一种问题，存在多种人工智能技术可以解决它	□	□	□	□	□	□	□
5-2.3 案例分析，也是善于运用人工智能的好方法	□	□	□	□	□	□	□
5-2.4 不了解算法也可以应用人工智能	□	□	□	□	□	□	□
5-2.5 教师应该主动应用一些人工智能的技术	□	□	□	□	□	□	□
5-2.6 教师应该将一些人工智能的技术融入自己的教学过程中	□	□	□	□	□	□	□
5-2.7 教师应该合理应用一些人工智能的方法管理学生	□	□	□	□	□	□	□

（续上表）

情况描述	非常不同意	不同意	有点不同意	普通	有点同意	同意	非常同意
5-3.1（态度）运用人工智能开展教学也有一定风险	□	□	□	□	□	□	□
5-3.2 教师是不可能被人工智能所替代的	□	□	□	□	□	□	□
5-3.3 人工智能对学生的学习是有帮助的	□	□	□	□	□	□	□
5-3.4 人工智能对教师的教学是有帮助的	□	□	□	□	□	□	□
5-3.5 人工智能对学校的管理是有帮助的	□	□	□	□	□	□	□
5-3.6 教师在智能教学环境中应自觉遵守法律法规	□	□	□	□	□	□	□
5-3.7 教师在智能教学环境中更应提高道德修养	□	□	□	□	□	□	□

问卷结束，诚挚地感谢您填答本问卷！

参考文献

一、中文参考文献

[1] 程敏. 信息化环境中智慧教室的构建 [J]. 现代教育技术，2016 (2).

[2] 陈琳，王蔚，李佩佩，等. 智慧校园的智慧本质探讨：兼论智慧校园 "智慧缺失" 及建设策略 [J]. 远程教育杂志，2016 (4).

[3] 褚宏启. 核心素养是 "行为能力" 而非纸上功夫 [J]. 中小学管理，2016 (11).

[4] 陈东敏. 区块链技术原理及底层架构 [M]. 北京：北京航空航天大学出版社，2017.

[5] 陈琳，华璐璐，冯熳，等. 智慧校园的四大智慧及其内涵 [J]. 中国电化教育，2018 (2).

[6] 褚乐阳，陈卫东，谭悦，等. 重塑体验：扩展现实（XR）技术及其教育应用展望——兼论 "教育与新技术融合" 的走向 [J]. 远程教育杂志，2019 (1).

[7] 程凯文，邓颜蕙，颜红梅. 第二语言学习与脑可塑性 [J]. 心理科学进展，2019 (2).

[8] 陈根方. 面向音乐艺术院校研究生的 "音乐与人工智能" 科普课程 [J]. 计算机教育，2019 (6).

[9] 曾海，李娇儿，邱崇光. 智慧师训——基于新一代信息技术的教师专业发展新生态 [J]. 中国电化教育，2019 (12).

[10] 崔亚强，甘启宏，王春艳. 高校智慧教学环境的建设和运行机制思考——以四川大学为例 [J]. 现代教育技术，2020 (3).

［11］邓展明. 从现代神经生理学理论探索巴甫洛夫学说条件反射原理［J］. 广西农业生物科学，1999（3）.

［12］杜晓利. 富有生命力的文献研究法［J］. 上海教育科研，2013（10）.

［13］杜玉霞. 基于"互联网＋"的中小学教师信息化教学能力提升研究［J］. 中国电化教育，2017（8）.

［14］戴永辉，徐波，陈海建. 人工智能对混合式教学的促进及生态链构建［J］. 现代远程教育研究，2018（2）.

［15］邓李君，郭美，俞凡. "学为中心"的项目式学习新模式研究与实践［J］. 教育文汇，2020（11）.

［16］发展改革委网站. 四部门关于印发《"互联网＋"人工智能三年行动实施方案》的通知［EB/OL］.［2016－05－23］. http：//www. ndrc. gov. xinwen/2016－05/23/content_5075944. htm.

［17］冯云，潘扬. 欧盟、日本、英国人工智能政策动态分析［J］. 杭州科技，2019（6）.

［18］方圆媛，黄旭光. 中小学人工智能教育：学什么，怎么教——来自"美国K－12人工智能教育行动"的启示［J］. 中国电化教育，2020（10）.

［19］冯晓英，郭婉瑢，黄洛颖. 智能时代的教师专业发展：挑战与路径［J］. 中国远程教育，2021（11）.

［20］郭莉，祝智庭. 教育信息化的成本效益分析［J］. 电化教育研究，2005（6）.

［21］国务院. 关于印发新一代人工智能发展规划的通知：国发〔2017〕35号［EB/OL］.［2017－07－08］. http：//www. gov. cn/zhengce/content/2017－07/20/content_5211996. htm.

［22］国务院. 中共中央　国务院关于全面深化新时代教师队伍建设改革的意见［EB/OL］.［2018－01－31］. http：//www. gov. cn/zhengce/2018－01/31/content_5262659. htm.

［23］顾小清，易玉何. 智能时代呼唤教师角色转型［J］. 中小学数字化教学，2019（1）.

［24］高凯. 利用社会资源推广中小学人工智能科普活动［J］. 中国科技教育，2019（3）.

［25］郭炯，荣乾，郝建江. 国外人工智能教学应用研究综述［J］. 电化教育研究，2020（2）.

［26］高欣峰，陈丽．信息素养、数字素养与网络素养使用语境分析——基于国内政府文件与国际组织报告的内容分析［J］．现代远距离教育，2021（2）．

［27］郭炯，郝建江．智能时代的教师角色定位及素养框架［J］．中国电化教育，2021（6）．

［28］加德纳．多元智能新视野［M］．沈致隆，译．北京：中国人民大学出版社，2008．

［29］胡春光，王坤庆．教师知识：研究趋势与建构框架［J］．教育研究与实验，2013（6）．

［30］黄荣怀，张慧，尹霞雨．人工智能促教育2030议程实现［N］．中国教育报，2019 - 05 - 18．

［31］胡小勇，曹宇星．面向"互联网 +"的教研模式与发展路径研究［J］．中国电化教育，2019（6）．

［32］侯贺中，王永固．人工智能时代中小学生智能素养框架构建及其培养机制探讨［J］．数字教育，2020（6）．

［33］黄太进，刘三女牙，李卿．Educhain：基于区块链技术的终身教育记录跟踪方案［J］．现代教育技术，2020（7）．

［34］胡乐乐．"区块链时代"全球基础教育改革与发展创新［J］．外国教育研究，2021（12）．

［35］金慧，刘迪，高玲慧，等．新媒体联盟《地平线报告》（2016高等教育版）解读与启示［J］．远程教育杂志，2016（2）．

［36］江丰光，孙铭泽．国内外学习空间的再设计与案例分析［J］．中国电化教育，2016（2）．

［37］景玉慧，沈书生．智慧学习空间的建设路径［J］．电化教育研究，2018（2）．

［38］中华人民共和国教育部．教育部关于印发《教育信息化2.0行动计划》的通知：教技〔2018〕6号［EB/OL］．（2018 - 04 - 18）［2022 - 03 - 25］．http://www. moe. gov. cn/srcsite/A16/s3342/201804/t20180425_334188. html.

［39］中华人民共和国教育部办公厅．教育部办公厅关于开展人工智能助推教师队伍建设行动试点工作的通知：教师厅〔2018〕7号［EB/OL］．［2018 - 08 - 08］．http://www. moe. gov. cn/srcsite/A10/s7034/201808/

t20180815_345323. html.

[40] 晋欣泉，邢蓓蓓，杨现民，等. 智慧课堂的数据流动机制与生态系统构建 [J]. 中国远程教育，2019 (4).

[41] 中华人民共和国教育部. 教育部关于发布《中小学数字校园建设规范（试行）》的通知：教技〔2018〕5 号 [EB/OL]. [2018 - 04 - 17]. http://www. moe. gove. cn/srcsite/A16/s3342/201805/t20180502_334759. html.

[42] 姜宇辉. 元宇宙中的"孤儿们"？——电子游戏何以作为次世代儿童哲学的教育平台 [J]. 贵州大学学报（社会科学版），2021 (5).

[43] 姜军. 人工智能时代 AR 在少儿科普图书出版领域的应用探析——以"海洋意识教育"系列 AR 产品为例 [J]. 中国传媒科技，2021 (6).

[44] 中华人民共和国教育部. 教育部关于实施第二批人工智能助推教师队伍建设行动试点工作的通知：教师函〔2021〕3 号 [EB/OL]. [2021 - 09 - 08]. http://www. moe. gov. cn/srcsite/A10/s7034/202109/t20210915_563278. html.

[45] 柯特·费希尔，周加仙，柳恒爽，等. 教育神经科学的未来：建构学习发展路径的工具 [J]. 全球教育展望，2011 (9).

[46] 刘毅. 个案研究法及其在心理学中的发展 [J]. 上海教育科研，2002 (7).

[47] 罗晓燕，陈洁瑜. 以学生学习为中心的高等教育质量评估——美国 NSSE "全国学生学习投入调查"解析 [J]. 比较教育研究，2007 (10).

[48] 李嘉曾. "以学生为中心"教育理念的理论意义与实践启示 [J]. 中国大学教学，2008 (4).

[49] 刘献君. 论"以学生为中心" [J]. 高等教育研究，2012 (8).

[50] 李林曙. 我国学分银行制度建设的模式、途径与策略 [J]. 成人教育学刊，2014 (3).

[51] 吕冬雪. 智慧教育云存储系统研究与实现 [D]. 北京：北京工业大学，2016.

[52] 林崇德. 核心素养概念的内涵 [J]. 今日教育，2017 (2).

[53] 李广. 教师教育协同创新机制研究：东北师范大学"U - G - S"教师教育模式新发展 [J]. 教育研究，2017 (4).

[54] 梁迎丽，刘陈. 人工智能教育应用的现状分析、典型特征与发展趋势

［J］. 中国电化教育, 2018（3）.

［55］ 刘智, 方常丽, 刘三女牙, 孙建文. 物理学习空间中学习者情绪感知研究综述［J］. 远程教育杂志, 2019（2）.

［56］ 刘邦奇, 袁婷婷. 智能教育系统的总体架构及区域实践模式研究［J］. 远程教育杂志, 2019（3）.

［57］ 廖艳萍, 王植宁. 图书馆人工智能科普教育活动的创新型实践：以福建省图书馆为例［J］. 山东图书馆学刊, 2019（3）.

［58］ 李淼浩, 曾维义. 基于数据的校本教研助力教师专业发展研究［J］. 中国电化教育, 2019（4）.

［59］ 联合国教科文组织. 北京共识——人工智能与教育［EB/OL］.［2019 – 09 – 04］. https://unesdoc. unesco. org/ark :/48223/pf0000368303.

［60］ 吕恺悦. "人工智能＋教师教育" 的现状、动态与问题［J］. 现代教育技术, 2019（11）.

［61］ 逯行, 沈阳, 徐晶晶, 等. 智能学习环境中主体需求冲突及其平衡研究［J］. 现代远程教育研究, 2020（1）.

［62］ 李青, 郜晖, 李晟. 以技术引领跨界创新和社会发展——英国开放大学《创新教学报告（2020 版）》解析［J］. 远程教育杂志, 2020（2）.

［63］ 逯行, 沈阳, 曾海军, 等. 人工智能时代的教师：本体, 认识与价值［J］. 电化教育研究, 2020（4）.

［64］ 梁青青, 张刚要. 融入课程质量的在线学习成果认证区块链模型及实现机理研究［J］. 电化教育研究, 2020（4）.

［65］ 刘革平, 农李巧. 从 "泛智" 论到泛在学习进阶智慧学习：论 "泛" 教育思想的内在关联和价值意蕴［J］. 电化教育研究, 2020（6）.

［66］ 李树玲, 吴筱萌. 变革实验室：技术赋能时代促进教师专业发展的新模式［J］. 中国电化教育, 2020（11）.

［67］ 刘斌. 人工智能时代教师的智能教育素养探究［J］. 现代教育技术, 2020（11）.

［68］ 李栋. 人工智能时代的教师发展：特质定位与行动哲学［J］. 电化教育研究, 2020（12）.

［69］ 廖辉. 浅谈智慧教育背景下学校管理者应具备的能力与素养［J］. 新教育时代电子杂志（学生版）, 2020（40）.

［70］ 刘邦奇, 张金霞, 许佳慧, 等. 智能技术赋能因材施教：技术框架、

行业特点及趋势——基于智能教育行业发展实证数据的分析［J］. 电化教育研究，2021（2）.

［71］刘光星. "区块链＋教育"：耦合机理、风险挑战及法律规制［J］. 电化教育研究，2021（3）.

［72］刘革平，王星，高楠，等. 从虚拟现实到元宇宙：在线教育的新方向［J］. 现代远程教育研究，2021（6）.

［73］兰丽娜，吴芬芬，石瑞生. 国内"区块链＋教育"研究的可视化分析——以160篇"区块链＋教育"相关的核心期刊论文为样本文献［J］. 现代教育技术，2021（10）.

［74］柳立言，张会庆，闫寒冰. 智能时代乡村教师专业发展的困境、机遇和实践路径［J］. 中国电化教育，2021（10）.

［75］梅瑞迪斯·高尔. 评价研究［J］. 教育研究方法，2016（1）.

［76］潘云鹤. 人工智能2.0与教育的发展［J］. 中国远程教育，2018（5）.

［77］庞茗月，戚万学. 智能技术引发的非教育性疏离感之伦理省思［J］. 现代教育技术，2021（10）.

［78］曲一帆，秦冠英，孔坤，等. 区块链技术对教育变革探究［J］. 中国电化教育，2020（7）.

［79］任友群. 走进新时代的中国教育信息化——《教育信息化2.0行动计划》解读之一［J］. 电化教育研究，2018（6）.

［80］茹丽娜，唐烨伟，王伟. 我国教育人工智能研究综述［J］. 中国信息技术教育，2019（7）.

［81］《人工智能读本》编写组. 人工智能读本［M］. 北京：人民出版社，2019.

［82］任巧悦，孙元淼，吕雪靖，等. 基于心理生理学视角的共情研究：方法与特点［J］. 科学通报，2019（22）.

［83］宋德孝. 以人为本与人本主义的哲学意蕴辨析［J］. 中共贵州省委党校学报，2008（2）.

［84］宋灵青，许林. "AI"时代未来教师专业发展途径探究［J］. 中国电化教育，2018（7）.

［85］涂涛，胡柯铭. 一极两仪：教育大数据与厚数据关系辨析［J］. 中国电化教育，2019（8）.

［86］唐智川，刘肖健，杨红春，等. 基于多模态信息融合的图像情感标注

方法 [J]. 计算机集成制造系统, 2020 (1).

[87] 王晓慧. 利用原子经济原则指导我国经济发展 [J]. 黑河学刊, 2006 (6).

[88] 王晓慧. 原子经济原则指导辽宁省循环经济可持续发展的思考 [J]. 辽宁行政学院学报, 2008 (1).

[89] 王燕. 智慧校园建设总体架构模型及典型应用分析 [J]. 中国电化教育, 2014 (9).

[90] 吴永和, 刘博文, 马晓玲. 构筑"人工智能+教育"的生态系统 [J]. 远程教育杂志, 2017 (5).

[91] 网易科技, 网易智能, 乌镇智库. 乌镇指数: 全球人工智能发展报告 (2016) [EB/OL]. (2016 - 10 - 21) [2017 - 08 - 24]. http://www. yuncaijing.com/news/id_6873799.html.

[92] 汪明. 基于核心素养的学生智能素养构建及其培育 [J]. 当代教育科学, 2018 (2).

[93] 吴忭, 胡艺龄, 赵玥颖. 如何使用数据: 回归基于理解的深度学习和测评——访国际知名学习科学专家戴维·谢弗 [J]. 开放教育研究, 2019 (1).

[94] 吴永和, 程歌星, 陈雅云, 等. 国内外"区块链+教育"之研究现状、热点分析与发展思考 [J]. 远程教育杂志, 2020 (1).

[95] 吴朝晖. 类脑研究: 为人类构建超级大脑 [J]. 浙江大学学报 (工学版), 2020 (3).

[96] 武继刚, 刘同来, 李境一, 等. 移动边缘计算中的区块链技术研究现状及发展 [J]. 计算机工程, 2020 (8).

[97] 王梦豪, 曹蕾. 基于区块链技术的开放教育资源资产化探究 [J]. 现代教育技术, 2020 (7).

[98] 汪维富, 毛美娟. 多模态学习分析: 理解与评价真实学习的新路向 [J]. 电化教育研究, 2021 (2).

[99] 吴凯. 区块链赋能思想政治教育的技术逻辑、风险挑战与实践策略 [J]. 思想教育研究, 2021 (6).

[100] 许远理, 郭德俊. 情绪与认知关系研究发展概况 [J]. 心理科学, 2004 (1).

[101] 肖士英. 走向智慧教育观的新境界: 怀特海智慧教育观的审视与超越

［J］. 华东师范大学学报（教育科学版），2015（4）.

［102］肖瑶，张学斌. 教师教育一体化课程资源及其建设［J］. 教育研究，2015（8）.

［103］邢春晓，张桂刚. 中国区块链技术与产业发展报告：2017［M］. 北京：清华大学出版社，2018.

［104］徐鹏. 人工智能时代的教师专业发展——访美国俄勒冈州立大学玛格丽特·尼斯教授［J］. 开放教育研究，2019（4）.

［105］徐源音，柴玉梅，王黎明，等. 基于 OCC 模型和贝叶斯网络的情绪句分类方法［J］. 计算机科学，2020（3）.

［106］许亚锋，彭鲜，曹玥，等. 人机协同视域下教师数智素养之内涵、功能与发展［J］. 远程教育杂志，2020（6）.

［107］徐铷忆，陈卫东，郑思思，等. 境身合一：沉浸式体验的内涵建构、实现机制与教育应用——兼论 AI＋沉浸式学习的新场域［J］. 远程教育杂志，2021（1）.

［108］杨立能. 心理生理学就是生理心理学吗？［J］. 心理学动态，1984（2）.

［109］燕国材. 人本主义心理学与教育［J］. 外国中小学教育，1989（3）.

［110］严进，王春安，陈宜张，等. 心理性应激引起的大鼠行为，血浆皮质酮及脑区氨基酸水平的变化［J］. 第二军医大学学报，1997（4）.

［111］应惠兰，何莲珍，周颂波. 大学公共英语教学改革——以学生为中心的主体教学模式［J］. 外语教学与研究，1998（4）.

［112］余胜泉. 从知识传递到认知建构、再到情境认知——三代移动学习的发展与展望［J］. 中国电化教育，2007（6）.

［113］闫志明，唐夏夏，秦旋，等. 教育人工智能（EAI）的内涵、关键技术与应用趋势——美国《为人工智能的未来做好准备》和《国家人工智能研发战略规划》报告解析［J］. 远程教育杂志，2017（1）.

［114］余胜泉. 人工智能教师的未来角色［J］. 开放教育研究，2018（1）.

［115］杨现民，张昊，郭利明，等. 教育人工智能的发展难题与突破路径［J］. 现代远程教育研究，2018（3）.

［116］杨桂青. 教育从不单纯根据技术需求来变革—访华东师范大学终身教授祝智庭［N］. 中国教育报，2018（8）.

［117］杨志红. 基于创客教育模式的人工智能课程研究［J］. 现代信息科

技，2018（9）.

[118] 余胜泉，王琦. "AI＋教师" 的协作路径发展分析 [J]. 电化教育研究，2019（4）.

[119] 杨琴，蒋志辉，何向阳，等. "5G＋智慧教育" 视域下的教师支持服务模式构建与行动路径研究 [J]. 远程教育杂志，2020（1）.

[120] 闫志明，付加留，朱友良，等. 整合人工智能技术的学科教学知识（AI－TPACK）：内涵、教学实践与未来议题 [J]. 远程教育杂志，2020（5）.

[121] 于晓玲. 移动终端进课堂存在的问题及其应对 [J]. 教学与管理，2020（12）.

[122] 喻国明. 未来媒介的进化逻辑："人的连接" 的迭代、重组与升维——从 "场景时代" 到 "元宇宙" 再到 "心世界" 的未来 [J]. 新闻界，2021（10）.

[123] 周加仙. 基于脑的教育研究：反思与对策 [D]. 上海：华东师范大学，2004.

[124] 郑东辉. 教师评价素养发展研究 [D]. 上海：华东师范大学，2009.

[125] 赵银生. 智能教育（IE）：教育信息化发展的新方向 [J]. 中国电化教育，2010（12）.

[126] 张奇勇，卢家楣. 情绪感染的概念与发生机制 [J]. 心理科学进展，2013（9）.

[127] 祝智庭. 以智慧教育引领教育信息化创新发展 [J]. 中国教育信息化，2014（9）.

[128] 张静静. 学前教育男女教师比例失衡的根源及对策分析：基于对身心二元论的批判与反思 [J]. 全球教育展望，2015（8）.

[129] 张琪. 情绪性设计材料对多媒体学习的影响研究 [D]. 南京：南京师范大学，2016.

[130] 张旭，刘力，郭爱克. "脑功能联结图谱与类脑智能研究" 先导专项研究进展和展望 [J]. 中国科学院院刊，2016（7）.

[131] 中国区块链技术和产业发展论坛. 中国区块链技术和应用发展白皮书（2016）[EB/OL]. http://www.docin.com/p－2741920195.html.

[132] 周春山，罗利佳，史晨怡. 粤港澳大湾区经济发展时空演变特征及其影响因素 [J]. 热带地理，2017（6）.

［133］张新新，刘华东. 出版＋人工智能：未来出版的新模式与新形态——以《新一代人工智能发展规划》为视角［J］. 科技与出版，2017（12）.

［134］张进宝，姬凌岩. 是"智能化教育"还是"促进智能发展的教育"——AI 时代智能教育的内涵分析与目标定位［J］. 现代远程教育研究，2018（2）.

［135］祝智庭，彭红超，雷云鹤. 智能教育：智慧教育的实践路径［J］. 开放教育研究，2018（4）.

［136］祝智庭，魏非. 教育信息化 2.0：智能教育启程，智慧教育领航［J］. 电化教育研究，2018（9）.

［137］张素华. 基于多生理信号的多频段情感分类方法研究［D］. 大连：辽宁师范大学，2019.

［138］张奇勇，陆佳希，卢家楣. 高级认知对情绪感染的反向抑制：以教学活动为例［J］. 心理与行为研究，2019（1）.

［139］朱永海，刘慧，李云文，等. 智能教育时代下人机协同智能层级结构及教师职业形态新图景［J］. 电化教育研究，2019（1）.

［140］张慧，黄荣怀，李冀红，等. 规划人工智能时代的教育：引领与跨域——解读国际人工智能与教育大会成果文件《北京共识》［J］. 现代远程教育研究，2019（3）.

［141］周邵锦，王帆. K－12 人工智能教育的逻辑思考：学生智慧生成之路——兼论 K－12 人工智能教材［J］. 现代教育技术，2019（4）.

［142］站长创客. 人工智能战略 2019_解读日本人工智能发展战略［EB/OL］.［2019－12－21］. https：//www. zzaff. com/zhanchuangshijie/152481490355. html.

［143］《中小学智慧校园建设标准及评价指标体系》［EB/OL］.［2019－12－10］. https：//wenku. baidu. com/view/c2481d55393567ec102de2bd960590c69ec3d85d. html.

［144］周继平，陈虹，叶正茂. 基于区块链技术的学分银行构建［J］. 中国职业技术教育，2019（18）.

［145］张蕾，吴敏. 基于区块链技术的终身教育体系模型［J］. 西北民族大学学报（哲学社会科学版），2020（6）.

［146］张双志，张龙鹏. 教育治理结构创新：区块链赋能视角［J］. 中国电化教育，2020（7）.

［147］郑勤华，覃梦媛，李爽. 人机协同时代智能素养的理论模型研究
［J］. 复旦教育论坛，2021（1）.

［148］张敏霞，王陆. 基于大数据的知识发现：不同教师群体实践性知识的
发展特征［J］. 电化教育研究，2021（2）.

［149］郑旭东，杨现民，岳婷燕. 教育政务数据开放平台的区块链技术架构
与运行机制设计［J］. 中国电化教育，2021（3）.

［150］张雨竹，詹菁，刘倩，等. 大气细颗粒物引发的神经毒性和分子机理
［J］. 化学进展，2021（5）.

［151］张双志，张龙鹏. 学科评估循证机制构建：区块链赋能视角［J］. 高
教探索，2021（5）.

［152］周进，叶俊民，李超. 多模态学习情感计算：动因、框架与建议
［J］. 电化教育研究，2021（7）.

［153］郑旭东，狄璇，岳婷燕. 区块链赋能区域教育治理：逻辑、框架与路
径［J］. 现代远程教育研究，2022（1）.

二、外文参考文献

［1］DE CLERCQ A，VERSCHUERE B，DE VLIEGER P，et al. Psychoph-
ysiological analysis（PSPHA）：a modular script-based program for analyzing
psychophysiological data［J］. Behavior research methods，2006（3）.

［2］BINET A，SIMON T. New methods for the diagnosis of the intellectual level
of subnormals［J］. L' annee psychologique，1905（12）.

［3］BEER J S，OCHSNER K N. Social cognition：a multi level analysis［J］.
Brain research，2006（1）.

［4］ALEXANDER B，ASHFORD – ROWE K，et al. Horizon report 2019 higher
education edition［EB/OL］.（2019 – 09 – 20）. https：//library. educause.
edu/ – /media/files/library/2019/4/2019horizonreport. pdf？la = en&hash =
C8E8D444AF372E705FA1BF9D4FF0DD4CC6F0FDD1.

［5］COLLINS B. The metaverse：how to build a massive virtual world［EB/OL］.
［2021 – 09 – 25］. https：//www. forbes. com/sites/barrycollins/2021/09/25/
the – metaverse – how – to – build – a – massive – virtual – world/？sh =
1bd29d4c6d1c.

［6］ CORDER S P. Error analysis and interlanguage ［M］. Oxford：Oxford University Press，1981.

［7］ CHANG R L, et al. Places for learning engineering：a preliminary report on informal learning spaces ［EB/OL］. ［2009 - 07 - 20］. http：//rees2009. pbworks. com/f/rees2009_ submission_86.

［8］ CHAI S，KOH L，TSAI C. A review of technological pedagogical content knowledge ［J］. Journal of educational technology & Society，2013（2）.

［9］ CATHY H. Defining the metaverse today［EB/OL］.（2021 - 05 - 02）. https：//www. forbes. com/sites/cathyhackl/2021/05/02/defining - the - metaverse - today/?sh = 30d7c46f6448.

［10］ DARLINGHAMMOND L. Constructing 21st - century teacher education ［J］. Journal of teacher education，2016（3）.

［11］ DEVANEY L. 5 things to know about blockchain technology［EB/OL］. ［2016 - 12 - 11］. http：//www. ecampusnews. com/credentials/education- blockchain - technology/2016 - 11 - 26.

［12］ DEPARTMENT FOR DIGITAL，CULTURE，MEDIA & SPORT，DEPARTMENT FOR BUSINESS，ENERGY & INDUSTRIAL STRATEGY. Growing the artificial intelligence industry in the UK［EB/OL］. https：// www. gov. uk/government/publications/growing - the - artificial - intelligence - industry - in - the - uk.

［13］ GOTTFREDSON L S. Mainstream science on intelligence：an editorial with 52 signatories，history，and bibliography ［J］. Intelligence，1997（1）.

［14］ GOUVERNEMENT FRANCAIS. Rapport de synthèse France intelligence artificielle ［EB/OL］. https：//www. economie. gouv. fr/files/files/PDF/ 2017/Rapport_synthese_France_IA_. pdf.

［15］ GARDNER H. Intelligence isn't black-and-white：there are 8 different kinds［EB/OL］. ［2018 - 05 - 05］. http：//bigthink. com/videos/howard - gardner - on - the - eight - intelligences.

［16］ HATTON N，SMITH D. Reflection in teacher education：towards definition and implementation ［J］. Teaching & Teacher education，1995（1）.

［17］ HOLMES W，BIALIK M. Artificial intelligence in education promises and implications for teaching and learning ［EB/OL］. ［2019 - 08 - 01］.

https：//curriculumredesign. org/wp – content/uploads/AIED – Book – Excerpt – CCR. pdf.

[18] HAIHAN D, JIAYE L, SIZHENG F, et al. Metaverse for social good：a university campus prototype [EB/OL]. https：//doi. org/10. 1145/3474085. 3479238.

[19] IMMORDINO-YANG H, FAETH M. The role of emotion and skilled intuition in learning [J]. Mind, brain, and education：neuroscience implications for the classroom, 2010.

[20] JOHN D. Application of expert systems in the sciences [J]. Research review, 1990 (5).

[21] JEREMY R G, TODD S B, MARCUS E R. Integration of emotion and cognition in the lateral prefrontal cortex [J]. Proceedings of the national academy of sciences of the United States of America, 2002 (6).

[22] JOHN D, WILLIANM B, RICHARD G. 3D virtual worlds and the metaverse：current status and future possibilities [J]. ACM computing surveys, 2011 (5).

[23] KAI-MIKAEL J, DAVE S. How not to be objective；collaborative virtual environments [J]. AcmSiggroup bulletin, 2001 (2).

[24] KORTHAGEN F, LOUGHRAN J, RUSSELL T. Developing fundamental principles for teacher education programs and practices [J]. Teaching & Teacher education, 2006 (8).

[25] LAZARUS R S. Thoughts on the relations between emotion and cognition [J]. American psychologist, 1982 (35).

[26] LUCHIN R, HOLMES W, GRIFFITHS M, et al. Intelligence unleashed：an argument for AI in education [R]. London：Pearson, 2016.

[27] LODERER K, PEKRUN R, LESTER C. Beyond cold technology：a systematic review and meta – analysis on emotions in technology – based learning environment [J]. Learning and instruction, 2020 (70).

[28] MORTON J, FRITH U. Causal modelling：a structural approach to developmental psychopathology [J]. Manual of developmental psychopathology, 1995 (1).

[29] MILNE A J. Designing blended learning space to the student experience

［EB/OL］ ［2006 – 11 – 03］. http：//classmod. unm. edu/external/educause/Educause_ Chapter11_ DesigningBlendedLearningSpaces.

［30］ MELLO S, TAYLOR R, GRAESSER A. Monitoring affective trajectories during complex learning ［C］. Proceedings of the annual meeting of the cognitive science society, 2007 （29）.

［31］ MUNOZ E, BADIA B, RUBIO E, et al. Visualization of multivariate physiological data for cardiorespiratory fitness assessment through ECG（R – peak）analysis ［C］// Engineering in medicine & Biology society. IEEE, 2015.

［32］ MASATAKA W. Emotional and motivational functions of the prefrontal cortex ［J］. Brain nerve, 2016 （11）.

［33］ NIKOLAIDIS I. Networking the metaverses ［J］. IEEE network, 2007 （5）.

［34］ NF FOR ETL. Expanding our understanding of assessment and feedback in Irish Higher Education ［DB/OL］. https：//www. teachingandlearning. ie/wp – content/uploads/NF – 2017 – Expanding – our – Understanding – of – Assessment – and – Feedback – in – Irish – Higher – Education. pdf.

［35］ NATIONAL SCIENCE AND TECHNOLOGY COUNCIL. The national artificial intelligence research and development strategic plan［EB/OL］. https：//www. nitrd. gov/PUBS/national_ ai_ rd_ strategic_ plan. pdf.

［36］ ORTONY A, Turner T. What's basic about basic emotions? ［J］. Psychological review, 1990 （3）.

［37］ OBLINGER D. Leading the transition from classrooms to learning spaces ［J］. Educause quarterly, 2005 （1）.

［38］ ROSENBLATT F. The perception：a probabilistic model for information storage and organization in the brain ［J］. Psychological review, 1958 （6）.

［39］ RUSSELL J A. A circumplex model of affect ［J］. Journal of personality and social psychology, 1980 （6）.

［40］ RACDLIFFE D, et al. Learning spaces in higher education：Positive outcomes by design［EB/OL］. http：//www. uq. edu. au/nextgenerationlearn-ingspace/UQ%20Next%20Generation%20Book. pdf, 2009.

［41］REBECCA D R，DAVID H Z. An atomical insights into the interaction of emotion and cognition in the prefrontal cortex ［J］. Neuroscience & Biobehavioral reviews，2012（1）.

［42］ROLL I，WYLIE R. Evolution and revolution in artificial intelligence in education ［J］. International journal of artificial intelligence in education，2016（2）.

［43］RUBIO A，MUNOZ J，DELGADO D. Analyzing the group formation process in intelligent tutoring systems ［J］. International conference on intelligent tutoring systems，2019（6）.

［44］SHVYRKOV V B. The unity of the physiological and the psychological in behavior ［J］. Soviet psychology，1982（20）.

［45］STERNBER R J. Successful intelligence：finding a balance ［J］. Trends in cognitive sciences，1999（11）.

［46］SHERYL L B，LUKAS C G，OLAF S. Relationship of psychological and physiological parameters during an arctic ski expedition ［J］. Acta Astronautica，2001（49）.

［47］STANFORD UNIVERSITY. 2018 AI index annual report［EB/OL］. http://cdn. aiindex. org/2018/AI%20Index%202018%20Annual%20Report. pdf.

［48］Subcommittee on Networking & Information Technology Research & Development，Committee on Science & Technology Enterprise of the National Science & Technology Council. The networking & information technology research & development program：supplement to the president's FY2020 budget［EB/OL］. ［2019 – 09 – 18］. https://www. whitehouse. gov/wp – content/uploads/2019/09/FY2020 – NITRD – AI – RD – Budget – September – 2019.

［49］TROST B M. The atom economy – a search for synthetic efficiency ［J］. Science，1991（5037）.

［50］TOMMERDAHL A. A model for bridging the gap between neuroscience and education ［J］. Oxford review of education，2010（1）.

［51］TIMMS J. Letting artificial intelligence in education out of the box：educational cobots and smart classrooms ［J］. International journal of artificial intelligence in education，2016（2）.

［52］ TERRY L D, DIANE E M, TIMOTHY P H, JESSICA MIDDLEMIS M, et al. Assessing faculty professional development in STEM higher education: sustainability of outcomes ［J］. Science advances, 2016 (3).

［53］ TRUST T. 2017 ISTE standards for educators: from teaching with technology to using technology to empower learners ［J］. Journal of digital learning in teacher education, 2018 (1).

［54］ THE WHITE HOUSE. Maintaining American leadership in artificial intelligence ［R］. 2019 – 02 – 11.

［55］ WALKINGTON C, BERNACKI L. Personalizing algebra to students' individual interests in an intelligent tutoring system: moderators of impact ［J］. International journal of artificial intelligence education, 2019 (1).

［56］ YUU H, FORTENBACHER A, PINKWART N, et al. A pilot study of emotion detection using sensors in a learning context: towards an affective learning companion ［M］. ［S. L. ］: DELFI and GMW workshops, 2017.

［57］ ZAJONC R B. Feeling and thinking: preferences need no inferences ［J］. American Psychologist, 1980 (35).

［58］ ZALETELJ J. , ANDREJ K. Predicting students' attention in the classroom from kinect facial and body features ［J］. EURASIP journal on image and video processing, 2017 (1).

［59］ 新エネルギー技術研究開発機構. 人工知能技術戦略（案）（人工知能技術戦略会議とりまとめ）［EB/OL］. http://www. nedo. go. jp/content/100862418. pdf.

［60］ 内閣官房内閣広報室. 日本再興戦略 2016—第 4 次産業革命に向けて—［EB/OL］. ［2016 – 10 – 11］. https://www. kantei. go. jp/jp/singi/keizaisaisei/pdf/2016_ zentaihombun. pdf.